DOUBLE A CONSERVER !

à cause de l'ancienne reliure couvert en manuscrit sur le parchemin, pour l'étude de l'histoire de la reliure en France.

Voir : « l'Art de la reliure en France », par Edouard Fournier, p. 32-33, chap. VI. Paris 1864 in-12. (B. N. Inv. V. 39.541)

LA GÉOGRAPHIE

ENSEIGNÉE

PAR UNE MÉTHODE NOUVELLE.

Paul DUROSOY.

LA GÉOGRAPHIE

ENSEIGNÉE

PAR UNE MÉTHODE NOUVELLE ;

AVEC NEUF CARTES ENLUMINÉES,

OUVRAGE *destiné* aux Écoles secondaires, *approuvé* par la Commission d'Instruction publique ;

PAR EDME MENTELLE,

Membre de l'Institut national, de l'Académie de Rouen, etc.

CINQUIÈME ÉDITION.

PRIX : 2 *fr*, *broché*, 2 *fr.* 20 *cent. relié en parchemin.*

A PARIS,

Chez L'AUTEUR, rue des Orties, galerie du Palais national des Arts et Sciences, n°. 19.

AN XII. — 1804.

Autres Ouvrages du même Auteur.

ATLAS de la Jeunesse, en 36 cartes in-folio

ATLAS des Commençans, in-8°., partie ancienne et partie moderne; nouvelle édition, avec le texte séparé.

GRAND ATLAS, en 160 cartes.

AVERTISSEMENT.

Cette édition a sur les précédentes l'avantage d'offrir,

1°. Un *exposé général* de ce que l'on comprend sous le nom d'Univers; pour arriver à connoître l'ordre dans lequel sont disposés les corps célestes, et les principaux effets produits par leurs mouvemens.

2°. La *distance* de chaque chef-lieu de département à Paris, exprimée en *myriamètres*.

N.B. Le myriamètre est une mesure de 5130 toises 4 pieds 5 pouces 4 lignes. Voyez ce mot à la Table.

3°. Une *courte notice* qui renferme sur chaque département, l'étendue de la surface en *myriares*, c'est-à-dire, en kilomètre carré, qui comprend 263,244.93 toises carrées.

De plus, la *population* actuelle et les *noms* des lieux principaux, avec la *longitude* et la *latitude* du chef-lieu.

4°. Une *table alphabétique*, ou *nomenclature* fort étendue des chefs-lieux d'arrondissemens et de canton, dans laquelle on indique à quel département chacun d'eux appartient.

5°. Les *archevêchés* et les *évêchés* suffragans.

LA GÉOGRAPHIE

ENSEIGNÉE

PAR UNE MÉTHODE NOUVELLE.

ARTICLE PREMIER.

Le mot Géographie, signifie *description de la terre*. C'est qu'en effet, la description de la terre est l'objet de cette science.

La terre a presque la forme d'une boule; aussi dit-on quelquefois *la boule du monde*.

Mais comme ce mot signifie la même chose que *globe*, il est d'usage, en Géographie, de dire le *globe de la terre*, ou le *globe terrestre*.

Pour faciliter l'étude de la Géographie, on fait, en carton, des globes sur lesquels sont tracés les contours des différentes parties de la surface de la terre. Ces globes, qui sont l'ouvrage de l'art, c'est-à-dire, de l'industrie des hommes, sont appelés *globes artificiels*.

Au lieu de globes artificiels, on peut aussi se servir de *cartes géographiques*.

On appelle ainsi des feuilles de papier, sur lesquelles sont représentées, par le moyen de la gravure, différentes parties de la surface du globe terrestre : telles sont celles qui accompagnent cet ouvrage.

En représentant exactement sur la surface d'un globe, les contours de toutes les terres connues, on est parvenu à savoir qu'il n'y a pas un tiers de la surface du globe terrestre habitée ou habitable : il y en a plus des deux tiers couverts par les eaux. Ces eaux portent le nom de *mers*.

Il convient d'abord de faire connoître les terres habitées; et, choisissant celles qui nous intéressent le plus, nous commencerons par la *République française*.

Afin même d'éviter la confusion d'idées que peut offrir une carte de France, réprésentant toutes les divisions du territoire de la République, divisions que l'on nomme *départemens*, nous partirons d'un seul point, choisi, à-peu-près, dans le centre, puis nous verrons quelles parties l'avoisinent; et, nous étendant ainsi de proche en proche, nous parviendrons jusqu'aux pays qui sont hors de la France, et même jusqu'aux extrêmités du monde.

On est supposé, à la *première* leçon, ne voir qu'un point ou, pour mieux dire, qu'une commune; puis, à la *seconde*, appercevoir tout le département dont elle est le chef-lieu; à la *troisième* leçon, on est censé s'être élevé encore plus haut et appercevoir les départemens qui entourent le premier que l'on connoît déjà.

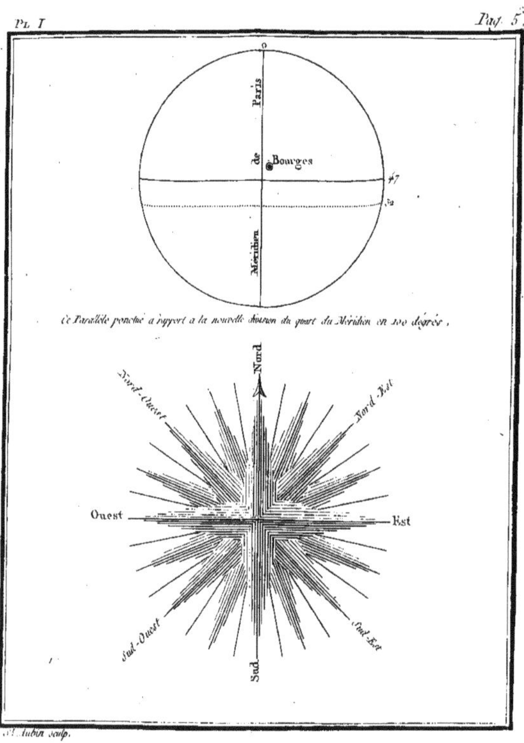

Ce Parallèle ponctué a rapport a la nouvelle division du quart du Méridien en 100 dégrés.

St. Aubin sculp.

Enfin, en continuant de s'élever de plus en plus on arrive à voir toute la France. Et c'est exactement ce qui arriveroit, 1°. s'il étoit possible de s'élever assez haut; 2°. si la rondeur de la terre n'y mettoit pas d'obstacle.

ARTICLE II.

CARTE PREMIÈRE

Cette Carte n'offre que la position de la commune de Bourges (1).

N. B. *Nous partirons de la commune de Bourges, que nous offre cette carte, pour arriver à la connoissance de ce qu'il nous convient de savoir actuellement sur la France.*

BOURGES est une commune considérable et très-ancienne : elle est bâtie dans une belle plaine, on l'apperçoit de très-loin. L'église principale est un vaste et ancien bâtiment; on fabrique dans cette commune des étoffes de laine, des toiles peintes, etc. Le commerce n'y est pas considérable. Il y passe deux petites

(1) Le méridien de Paris la traverse du S. au N. Des deux lignes transversales, l'une représente le 47e. deg. de latitude; l'autre ponctuée, le 52e., selon les nouvelles mesures.

rivières (1). Elle est à 24.4 myriamètres de Paris (2).

Bourges est le chef-lieu du département et le siége d'un *archevéché*. Pop. 15,340 habitans.

ARTICLE III.

CARTE DEUXIÈME.

Cette Carte représente la configuration du département du Cher, plus étendu du S. au N. que de l'E. à l'O.

NOUS voyons sur la 2e. carte, l'étendue que comprennent les terres renfermées dans le dép. du *Cher*. Quoiqu'il soit petit sur cette carte, il a cependant 369 lieues de surface dans la réalité, ou plus exactement 7401 kilomètres carrés. La rivière appelée le *Cher*, dont il a pris son nom, traverse ce département, dans la partie du S.-O., c'est-à-dire qu'il entre dans ce dép. (sur la carte) par le bas et tourne vers la gauche.

---

(1) L'Evre et l'Auron.

(2) J'ajoute au nombre des myriamètres la fraction en dixième pour être plus concis. Mais puisque le myriamètre est composé de dix kilomètres, on sent bien qu'il faut ajouter le mot kilomètre après chaque nombre exprimé en dixième. Ainsi Bourges est à 24 myriamètres 4 kilomètres de Paris.

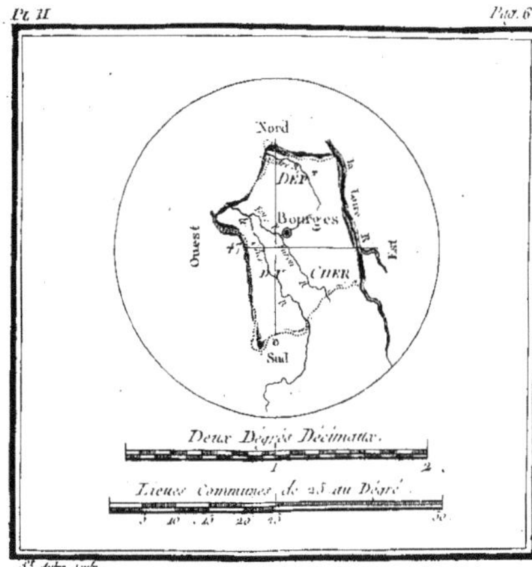
Pl. II
Pag. 6.
Nord
DEP
Bourges
Ouest
CHER
Sud
Deux Dégrés Décimaux.
1
2
Lieues Communes de 25 au Dégré.
5
10
15
20
25
50
St. Aubin sculp.

4 kilomètres de Paris.

Observez, 1°. que l'on appelle le *Nord* d'un lieu, le côté que l'on a derrière soi, lorsque l'on a le soleil en face à l'heure de midi; 2°. que le côté où est alors le soleil, et qui est opposé au Nord, est nommé *Sud;* le côté que l'on a à gauche, et par lequel le soleil se lève, se nomme *Est;* le côté qui est à droite (toujours lorsque l'on a le soleil en face à midi) est nommé l'*Ouest*. Sur les cartes, le N. est vers le haut, et le S. vers le bas; l'E. est à la droite de celui qui regarde la carte, et l'O. à sa gauche. Au surplus, *voyez* ce que l'on nomme *la rose des vents*, sur la première carte.

1°. Le dép. du Cher produit des laines, du chanvre, des fers et des vins.

Il contient 3 arrondissemens dont *Sancerre*, *Bourges* et *Saint-Amand* sont les chefs-lieux. Pop. totale 218,297 habitans.

ARTICLE IV.

CARTE TROISIÈME.

Cette Carte offre sept départemens. Chacun de ces départemens est traversé, sur la carte, par un cercle dont le centre est au point de section.

CETTE troisième carte offre la position des sept dép. qui environnent le dép. du Cher. Pour distinguer les lieux où l'on parviendroit, si l'on s'y rendoit en partant de Bourges à midi, ayant le soleil en face, il ne faut que voir sur la carte quels sont les noms qui sont écrits au-dessous de Bourges, tel que celui de *Guéret*, celui de *Moulins*, même *Château-Roux*; ils sont placés plus ou moins, au Sud, du nom de la ville de Bourges.

Ceux qui sont au contraire plus vers le haut de la carte, tels que *Blois*, *Orléans* sur-tout, *Auxerre*, etc. sont plus au Nord : on ne pourroit s'y rendre, en partant de Bourges à midi, qu'autant que l'on tourneroit le dos au soleil. En partant de Bourges le matin, pour se rendre à *Nevers*, par exemple, on auroit le soleil en face, c'est que l'on iroit au *levant* ou à l'*est;* le côté opposé, se nomme l'ouest. Les points intermédiaires, sont, le *nord-est;* le *sud-est;* le *nord-ouest;* le *sud-ouest*. *Voyez la disposition de ces différens points, par l'inspection de ce que l'on nomme rose des vents*, carte première. Les quatre premiers points sont ceux que l'on nomme les *quatre points cardinaux*, c'est-à-dire les quatre points principaux.

2. *Dép. du Loiret.* Le dép. du Loiret est au N. du dép. du Cher. Le Loiret est une très-petite rivière qui, à plusieurs égards, l'emporte sur de très-grandes. Elle est remarquable et par sa source et par son embouchure qui ne sont distans que de quelques lieues. Pendant long-temps le lit de ce ruisseau étoit de même

largeur dans tout son cours ; mais le débordement de la Loire, arrivé en 1790, a changé totalement cette uniformité ; les terres et le limon, amoncelés par les glaces de la Loire, ont comblé totalement le canal de l'embouchure ; et, en abandonnant son premier lit dans cette partie, cette rivière se perd actuellement dans la Loire par deux petits canaux, dont une langue de terre avancée à la pointe de l'île, forme la séparation.

Le Loiret est le père nourricier de son département, parce qu'il a l'avantage de n'être jamais couvert par les glaces, et, par ce moyen, le travail des moulins établis le long de son cours n'est jamais interrompu. Les entraves qu'il éprouve quelquefois ne sont occasionnées que par le reflux de la Loire dans le Loiret. Sans cette rivière intéressante, qui arrose près de 3 lieues du plus beau pays de la France, l'Orléanois seroit obligé d'aller chercher des farines à 15 ou 20 lieues de son territoire, pour la nourriture de ses habitans.

La rivière appelée la *Loire*, traverse le dép. du Loiret de l'E. à l'O. On recueille principalement dans ce pays des vins. Il s'y trouve une vaste forêt. ORLÉANS, *évêché*, sur la Loire, à 12.3 myriamètres de Paris, est le chef-lieu du dép. On y traverse la rivière sur un très-beau pont. Cette commune est susceptible d'une grande activité de commerce. Pop. 36,165 individus.

L'étendue en surface est de 6751 kil. et demi, ou 224 lieues carrées, et renferme 289,728 habitans, dans 4 arrond., dont les chefs-lieux sont *Pithiviers*, *Montargis*, *Gien*, *Orléans*.

3. *Dép. de Loir et Cher.* Ce dép. est au S. O. de celui du Cher. Il produit aussi des vins et des grains. Le chef-lieu est Blois, sur la *Loire*, à 18.1 myriam. de Paris, au S. O. d'Orléans. On y fait un commerce très-actif. Pop. 13,312 individus.

L'étendue en surface est de 6031 kil. carrés, ou 319 lieues carrées, renfermant 211,152 habitans, en 3 arrondissemens, dont les chefs-lieux sont *Vendôme*, *Blois*, *Romorantin*.

4. *Dép. de l'Indre.* Ce dép. a pris son nom d'une rivière qui le traverse du S. E. au N. O. Il est à l'O. du dép. du Cher. Le pays est fertile en grains et en fruits : on y élève beaucoup de moutons. Le chef-lieu est Chateau-Roux, sur l'*Indre*, à 25.9 myriam. de Paris, où se trouve une manufacture de draps, autrefois considérable. Pop. 8146 individus.

L'étendue en superficie est de 6877 ½ kilom. carrés, ou 352 lieues carr., renfermant une pop. de 207,911 individus, dans 4 arrond., dont les chefs-lieux sont *Issoudun*, *Château-Roux*, le *Châtre*, le *Blanc*.

5. *Dép. de la Creuse.* Ce dép. est au S. O. de celui du Cher : il a pris son nom d'une rivière qui le traverse du S. E. au N. O. Les terres sont peu fertiles en blé : il y croît surtout du seigle et de l'avoine ; on y trouve de bons pâturages, des mines de charbon de terre, des eaux minérales. Le chef-lieu est GUÉRET, à l'O. à 42.8 myriam. de Paris, entre la *Creuse* et la *Gartempe*, près de deux montagnes. Population, 3155 habitans.

L'étendue en surface est de 5794 ½ kil. carr., ou 288 lieues carr. ; pop. 216,255 individus, dans 4 arrond., dont les chef-lieux sont *Guéret*, *Boussac*, *Aubusson*, *Bourganeuf*.

6. *Dép. de l'Allier.* Ce dép. est au S. E. de celui du Cher. Il a pris son nom d'une rivière qui le traverse du S. au N. Il est fertile en grains et en pâturages. Le chef-lieu est MOULINS, sur l'*Allier*, à 28.4 myriamètres de Paris. Le commerce y consiste en quincaillerie, coutellerie, fruits, etc. Pop. 13,200 individus.

L'étendue en surface est de 7422 ½ kil. carr., ou 365 lieues carr. ; pop. 272,616 individus, dans 4 arrond., dont les chefs-lieux sont *Montluçon*, *Moulins*, *Gannat*, la *Palisse*.

7. *Dép. de la Nièvre.* Ce dép. a pris son nom d'une petite rivière qui y commence dans la partie septentrionale, et se rend dans la Loire, à Nevers. La Loire sépare le dép. de la Nièvre du dép. du Cher. Le pays est montagneux à

quelque distance de la rivière : il s'y trouve beaucoup de bois et de mines de fer. Il y a aussi des verreries. La rivière d'Yonne y a sa source dans la partie orientale. Le chef-lieu est NEVERS sur la Loire, à 23 myriam. de Paris, où est un port sur la Loire. On y travaille en verre, en faïance, en fer, etc. Il s'y fait des étoffes de laine et de la tannerie, préparation indispensable pour l'usage des cuirs. Population 10,150 habitans.

L'étendue en surface est de 6774 kil. carrés, ou 352 lieues carr.; pop. 25,158 individus, dans 4 arrond., dont les chefs-lieux sont *Cosne*, *Clamecy*, *Nevers*, *Moulins en Gilbert*.

8. *Dép. de l'Yonne*. Ce dép. est au N. E. de celui du Cher. Il a pris son nom de la rivière d'*Yonne*, qui le traverse, à-peu-près du S. au N., et se rend ensuite dans la *Seine* à Montereau. Le commerce principal y consiste en vins. Le sol est très-fertile, il produit des grains de toute espèce : les pâturages y sont excellens; on y nourrit beaucoup de bestiaux. Le chef-lieu est AUXERRE, à 16 myriam. de Paris, ayant un beau port sur l'*Yonne* : cette commune est ancienne et mal bâtie. Pop. 12,047 individus.

L'étendue en surface est de 7292 kil. carrés, ou 373 lieues carrées; pop. 339,278 individus, dans 5 arrond., dont les chefs-lieux sont *Sens*, *Joigny*, *Auxerre*, *Tonnerre*, *Avallon*.

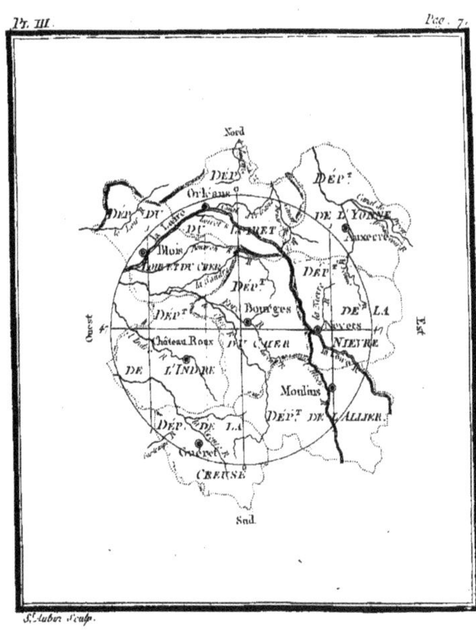

St. Aubin Sculp.

1

J
A
b
ci

ou
da
Jo

ARTICLE V.

CARTE QUATRIÈME.

La Carte IV offre à l'œil deux cercles concentriques : le premier indique, d'une manière, il est vrai, un peu vague, les lieux situés à plus ou moins de 25 lieues ou 12 myriamètres du centre de la France; le second indique ceux qui se trouvent à 50 lieues ou 24 myriamètres de ce même point, et comprend ou traverse seize départemens.

CETTE quatrième carte offre à notre étude dix-sept départemens que l'on va décrire, en commençant par celui de la Seine.

9. *Dép. de la Seine.* Ce dép. eut d'abord le nom de *Paris*, qui en est le chef-lieu; mais, comme aucun département ne porte un nom de ville, on lui a donné, comme aux autres, le nom de l'objet physique qui le caractérise le plus. Il est peu étendu, et n'est considérable que par la population et les autres avantages du chef-lieu. On y récolte un peu de vin, un peu de grains, et des légumes en très-grande abondance.

Le chef-lieu est PARIS, *archevêché*, sur la *Seine*, qui traverse cette commune de l'E. à l'O. On y voit de très-beaux bâtimens publics et particuliers; plusieurs lieux consacrés à l'instruction publique, tels que des Écoles centrales ou Lycées, l'Athénée de Paris, etc. L'Institut national divisé en quatre classes. La Bibliothèque nationale renferme non seulement une immense quantité de livres, de manuscrits, mais de plus une très-riche collection d'antiques, de médailles, de gravures, etc. Un Muséum pour les collections et l'instruction de l'histoire naturelle; un Muséum des Arts, dans lequel une longue galerie renferme les tableaux des plus grands maîtres, et le rez-de-chaussée, des statues antiques. Enfin cette commune est le siége du Corps législatif, du Sénat, du Tribunat et des chefs du Gouvernement, confié aux trois Consuls. Population, 546,856 habitans.

L'étendue en surface est de 504 ½ kil. carrés, ou 24 lieues carr.; pop. 629,763 individus, dans 3 arrond., dont les chefs-lieux sont *Saint-Denis*, *Paris*, *Sceaux*.

10. *Dép. de Seine et Oise*. Ce dép. environne le dép. de la Seine : il s'étend, à la vérité, fort peu à l'E. Il a pris une partie de son nom de la rivière d'*Oise* qui le traverse du N. E. au S. O. pour se rendre dans la *Seine*. On y recueille des grains et du vin. Il y a des pâturages qui nourrissent des bestiaux. Le chef-lieu est VERSAILLES, *évêché*, à 2 myriam. de Paris. Cette commune a été, pendant à-peu-près un siècle, le séjour des rois de France : elle est percée de très-belles rues, garnies de maisons bien bâties, et renferme un parc considérable

et très-orné. Le bâtiment appelé château est d'une très-grande étendue et d'une belle architecture du côté du parc. On y a disposé un Muséum le plus beau de la république, après celui de Paris. Pop. 25,000 individus.

L'étendue en surface est de 5760 kil. carr., ou 286 lieues carr.; la pop. y est de 429,523 indiv., dans 5 arrond., dont les chefs-lieux sont *Mantes*, *Pontoise*, *Versailles*, *Corbeil*, *Étampes*.

11. *Dép. d'Eure et Loir*. Ce départ. est au S. O. de celui de Seine et Oise : il tire son nom de deux rivières, l'*Eure* qui, du S. au N., en arrose la partie occidentale; le *Loir*, qui a sa source de ce même côté, et coule au S. Les productions les plus abondantes, y sont les grains : on y recueille aussi des vins passables. Le chef-lieu est CHARTRES, sur l'*Eure*, à 8.8 myriam. de Paris, bâtie sur un terrein élevé, et renfermant, sous le nom de cathédrale, un bâtiment presque aussi beau que celui de Bourges. Au reste, cette commune, qui est très-peuplée, n'est ni bien percée, ni bien bâtie. Population 14,409 individus.

L'étendue en surface est de 6079 kil. carrés, ou 300 lieues carr.; la pop. de 259,967 indiv., dans 4 arrond., dont les chefs-lieux sont *Nogent-le-Rotrou*, *Chartres*, *Châteaudun*, *Dreux*.

12. *Dép. de la Sarthe*. Ce dép. a pris son nom d'une rivière qui le traverse du N. au S., et, réunie à la Mayenne, se rend dans la Loire.

Il produit des grains de toute espèce, sur-tout du froment et du seigle. Il y a des vignobles, et dans quelques endroits les vins blancs sont excellens. On y trouve des mines de fer, des carrières de marbres et d'ardoises. Outre le commerce de ces objets, il y a celui des bougies, des étoffes de laine, des toiles, de la graine de trèfles, etc. Le chef-lieu est LE MANS, *évêché*, sur la *Sarthe*, à 20.2 myriam. de Paris. On y trouve plusieurs édifices publics bien bâtis, et des promenades nouvellement plantées. Tous les ans il s'y tient deux foires très-fréquentées. Pop. 17,221 individus.

Etendue en surface 6392 ½ kil. carrés, ou 306 lieues carr.; pop. 387,166 individus, dans 4 arrond., dont les chefs-lieux sont *Mamers*, *Saint-Calais*, la *Flêche*, le *Mans*.

13. *Dép. d'Indre et Loire.* Ce dép., situé au S. E. du précédent, et au S. O. de celui de Loir et Cher, a pris son nom de la *Loire*, qui le traverse de l'E. à l'O. et de l'*Indre*, qui se rend dans cette rivière par la gauche (1). Les terres y sont très-fertiles, sur-tout en fruits. On y recueille aussi des grains et de bons vins.

Je remarquerai que c'est dans ce dép., à une petite distance du Cher, que se trouve par blocs

(1) On nomme la gauche d'une rivière le côté qui seroit à la gauche d'un bateau descendant avec le cours de la rivière.

le silex, qui fournit les meilleures pierres à fusil de toute la république. Le chef lieu est Tours, *archevêché*, à 23.2 myriam. de Paris, entre le Cher et la Loire que l'on y passe sur un beau pont. Le commerce y consiste en grains, fruits, toiles, laines, étoffes de soie, draperie, tannerie, etc. Pop. 22,000 habitans.

L'étendue en surface est de 6230 ½ kil. carr., ou 3734 lieues carr.; popul. 278,758 individus; dans 3 arrond., dont les chefs-lieux sont *Tours*, *Loches*, *Chinon*.

14. *Dép. de la Vienne*. Ce dép. est à l'O. de celui de l'Indre; il a pris son nom d'une rivière qui le traverse du S. au N., et se rend dans la Loire. La terre y est fertile en grains, en pâturages et en fruits. Le chef-lieu est Poitiers, *évêché*, sur le *Clain*, à 34.3 myriam. de Paris; cette commune est grande, sans être jolie. Le commerce y consiste en blé, vins et eaux-de-vie, tannerie; en étoffes de laine, etc. Population 18,341 indiv. *Châtelleraut*, au N. E. est connue par son commerce de coutellerie.

Etendue en surface 6890 ½ kilom. carrés, ou 344 lieues carr.; pop. 250,807 individus, dans 5 arrond., dont les chefs-lieux sont *Loudun*, *Châtelleraut*, *Montmorillon*, *Avray*, *Poitiers*.

15. *Dép. des Deux-Sèvres*. Ce dép. est à l'O. du précédent: il tire son nom de deux rivières, dont une monte au N., et se rend dans la Loire,

au S. de Nantes, d'où s'est formé son surnom de Sèvre *nantaise;* l'autre coule à l'O., passe à Niort, et se rend à la mer : on la nomme Sévre *niortaise*. En général le pays est bien cultivé et les habitans y sont laborieux. Il y croît du blé, du maïs, des fourrages, des noyers, des chataigniers, mais peu de vignes; on y élève des bœufs, des moutons qui sont un grand objet de commerce. Le chef-lieu du dép. est NIORT, sur la *Sévre* de son nom, à 41.6 myriam. de Paris. Cette ville n'est pas considérable; on y fabrique des étoffes de laine. Il y a dans les environs, des mines de plomb qui donnent de l'argent. Pop. 15,028 individus.

Etendue en superficie 6044 ½ kil. carrés, ou 306 lieues carrées; pop. 242,658 individus en 4 arrond., dont les chefs-lieux sont *Thouars*, *Parthenay*, *Niort*, *Melle*.

16. *Dép. de la Charente*. Ce dép. est au S. E. de celui des Deux-Sévres : il a pris son nom de la Charente, rivière considérable qui le traverse d'abord dans sa partie du N. E, puis du N. au S. jusqu'à Angoulême, enfin de l'E. à l'O. pour se rendre à la mer. Le pays produit beaucoup de vignes, et il est riche en gibier : il s'y fait beaucoup d'eau-de-vie, de très-beau papier, etc. Le chef-lieu est ANGOULÊME, *évêché*, sur une montagne, près de la *Charente*, à 45.4 myriam. de Paris. Cette commune est dans une belle position, et assez jolie. Popul. 16,208 individus...

Cognac, à l'O., est renommé pour ses eaux-de-vie.

Etendue en surface 5888 kilom. carrés, ou 286 lieues carr.; popul. 321,477 individ., dans 5 arrond., dont les chefs-lieux sont *Ruffec*, *Confolens*, *Angoulême*, *Barbézieux*, *Cognac*.

17. *Dép. de la Haute-Vienne*. Ce dép. est à l'E. du précédent, et au S. E. de celui de la Vienne. On lui a donné le nom de *Haute*, parce que cette rivière s'y trouve très-près de sa source, d'où elle descend dans des terres, nécessairement plus basses. Ce pays est montagneux, stérile et froid : il produit du seigle, mais surtout du sarrazin et des châtaignes. Il y a des mines d'antimoine d'un grand produit. C'est aux environs de Saint-Yriex, que l'on a découvert deux sortes de terres, de celles que l'on nomme argiles; elles sont tout-à-fait semblables à celles dont se servent les Chinois pour leurs porcelaines, et qu'ils nomment *Kaolin* et *Pétuntzé*. Le chef-lieu est LIMOGES, *évêché*, sur la *Vienne*, à 38.8 myriam. de Paris. Cette ville n'est pas belle. Il s'y fait un commerce considérable d'entrepôt, consistant en bougies, drogueries, flanelles, toiles de ménage, papiers, etc. Population 20,550 individus.

L'étendue en surface est de 5700 kil. carrés, ou 288 lieues carrées; pop. 259,795 indiv., dans 4 arrond., dont les chefs-lieux sont *Bellac*, *Limoges*, *St.-Yriex*, *Rochechouart*.

18. *Dép. de la Corrèze.* Ce dép. est au S. E. du dép. de la Haute-Vienne, et au S. de celui de la Creuze : il a pris son nom de la *Corrèze* qui y a une source, et coule de N. E. au S. E. La *Dordogne*, rivière considérable, y coule dans la partie du S. E., mais dans le même sens que la précédente. Ce pays produit du froment, du seigle, de l'orge, du chanvre, du vin, des châtaignes abondamment, des truffes du côté de Brives, et différentes espèces de champignons, dont quelques-unes se font sécher. Il y a des landes où croît du genièvre, et quelques prairies artificielles. Le chef-lieu est TULLES sur la *Corrèze*, commune peu considérable, à 48.5 myriam. de Paris. Il s'y fait un grand commerce d'huile de noix; tout près est une belle fabrique d'armes. Pop. 9000 individus.

L'étendue en surface est de 5947 kil. carrés, ou 299 lieues carr.; pop. 243,654 individ., en 3 arrond., dont les chefs-lieux sont *Lessel*, *Tulles*, *Brives*.

19. *Dép. du Puy-de-Dôme.* Ce dép. est au S. E. de celui de la Creuze, au S. de celui de l'Allier; il a pris son nom d'une montagne qui est à l'O. de Clermont, et dont la hauteur est de 817 toises au-dessus du niveau de la mer. Ce dép. présente un contraste des plus frappans. Entouré de montagnes à l'E., au S. et à l'O., il offre à l'œil étonné ce que la nature peut présenter de plus imposant et de plus sauvage,

tandis que le centre renferme ce qu'elle a de plus riche et de plus riant. C'est un bassin de huit lieues de largeur, dans quelques endroits, sur douze lieues de longueur, dont une partie est traversée par l'*Allier* et l'autre par la *Dore*, et arrosée d'une infinité de ruisseaux. La plupart des montagnes ont été des volcans, à des époques différentes, tandis que d'autres parties, telle que la Limagne, par exemple, ont de grands lacs. Ce dép. est un des plus curieux à visiter pour les naturalistes. Outre les productions volcaniques et les eaux thermales qui s'y trouvent, on y recueille du blé, du vin, des châtaignes. Il y a des prairies très-belles, des vergers et des jardins fort riches en fruits. Le chef-lieu est CLERMONT, *évêché*, sur une montagne, à 37.4 myr. de Paris, centre d'un commerce assez considérable en étoffes de laine, toiles communes, tapisseries. Popul. 30,000 indiv. Ce dép. produit beaucoup de bestiaux.

L'étendue en surface est de 7943 ½ kil. carrés, ou 365 lieues carr.; popul. 508,444 indiv., en 5 arrond., dont les chefs-lieux sont *Riom*, *Thiers*, *Ambert*, *Clermont*, *Issoire*.

20. *Dép. de la Loire*. Ce dép. a pris son nom de la rivière qui le traverse du S. au N. Il est peu considérable par son étendue et ses productions : c'est un pays montagneux. Le chef-lieu est MONTBRISON, à l'O. de la *Loire*, à 44.3 myriam. de Paris. Pop. 4703 habitans.

L'étendue en surface est de 4920 ½ kil. carrés ; ou 244 lieues carr. ; pop. 292,588 indiv., dans 3 arrond., dont les chefs-lieux sont *Roanne*, *Montbrison*, *Saint-Étienne*.

21. *Dép. du Rhône*. Ce dép. lorsque l'on publia, pour la première fois, la nouvelle division de la France, n'en faisoit qu'un avec le dép. précédent. Il produit des vignes et quelques pâturages : le pays est montagneux. Le chef-lieu est LYON, *archevêché*, au confluent de la *Saône* et du *Rhône*, à 45.8 myriam. de Paris. Cette commune, célèbre par son ancienneté, son commerce, ses richesses, quelques monumens publics et ses belles promenades, l'est devenue, depuis la révolution, par les malheurs qu'elle a éprouvés. Pop. 109,500 habitans.

L'étendue en surface est de 2704 kil. carrés, ou 135 lieues carr. ; pop. 345,644 indiv., en 2 arrond., dont les chefs-lieux sont *Villefranche* et *Lyon*.

22. *Dép. de Saône et Loire*. Ce dép. a, à l'O., les dép. de l'Allier et de la Nièvre : il tire son nom de deux rivières considérables, la *Loire* qui le borne à-peu-près au S. O., en coulant du S. au N., et la *Saône* qui en arrose la partie orientale, en coulant du N. au S. Il est de plus traversé de l'O. à l'E. par un canal qui commençant à Digoin, sur la *Loire*, finit à Châlons, sur la *Saône*, et donne ainsi, au centre de la république, un point de réunion, entre

deux mers, que nous ferons bientôt connoître. (On le nomme canal de Charolles.) Les principales productions sont les vins : ceux de Mâcon, sur-tout, sont fort recherchés. Le chef-lieu est MACON, à l'E., près de la *Saône*, à 34,2 myriam. de Paris. Population, 10,531 individus.

L'étendue en surface est de 8576 kil. carrés, ou 134 lieues carrées; pop. 447,565 indiv., en 5 arrond., dont les chefs-lieux sont *Autun*, évêché, *Charolles*, *Châlons-sur-Saône*, *Louhan*, *Mâcon*.

23. *Dép. de la Côte-d'Or*. Ce dép. est à l'E. des dép. de la Nièvre et de l'Yonne. Il a pris son nom d'un côteau dont le vin est excellent. La *Seine*, rivière considérable, qui remonte au N., passe à Paris, et va jusqu'à la mer, y a sa source. On y trouve des mines de fer, des bois; mais les principales productions sont les vins. On y a en partie exécuté un long canal qui réuniroit l'*Yonne* à la *Saône*. Le chef-lieu est DIJON, *évêché*, sur l'*Ouche*, à 30.5 myriam. de Paris. Cette commune est grande et bien peuplée : il y a peu de commerce. Le vandalisme y a détruit les tombeaux des anciens ducs de Bourgogne, monumens précieux pour l'histoire et pour les arts. Mais rien n'étoit précieux pour des ignorans féroces. Pop. 21,000 individus.

L'étendue en surface est de 8769 ½ kil. carrés, ou 445 lieues carr.; pop. 347,842 individus, en

4 arrond., dont les chefs-lieux sont *Châtillon-sur-Seine*, *Semur*, *Dijon*, *Beaune*.

24. *Dép. de l'Aube*. Ce dép. est au N. O. du précédent : il a pris son nom d'une rivière qui la traverse du S. au N. dans sa partie orientale ; la *Seine*, qui coule dans le même sens, le sépare à-peu-près en deux parties égales, et arrose le chef-lieu. On y trouve des bois, des pâturages et des vins. Le commerce, outre ces objets, comprend de la bonneterie, des étoffes de laine, des bougies, et des fils de lin et de coton. Le chef-lieu est TROYES, *évêché*, sur la *Seine*, à 16 myriam. de Paris, ville assez bien peuplée, mais mal bâtie et mal pavée. Pop. 23,874 indiv.

L'étendue en surface est de 6106 kil. carrés, ou 305 lieues carrées; pop. 240,661 indiv., en 5 arrond., dont les chefs-lieux sont *Arcis-sur-Aube*, *Nogent-sur-Seine*, *Troyes*, *Bar-sur-Aube*, *Bar-sur-Seine*.

25. *Dép. de Seine et Marne*. Ce dép. est à l'E. du dép. de Seine et Oise et de celui de la Seine. Il a pris son nom de deux rivières, la *Seine*, déjà indiquée, et la *Marne*, rivière considérable qui le traverse de l'E. à l'O., et se rend dans la *Seine*, près Paris. Dans ce dép. on s'occupe beaucoup de la culture de tous les genres de productions, et c'est avec succès. Le commerce principal est en grains et en farines. Le chef-lieu est MELUN, sur la *Seine*, à 4.6 myriamètres de Paris, commune assez peuplée,

mais

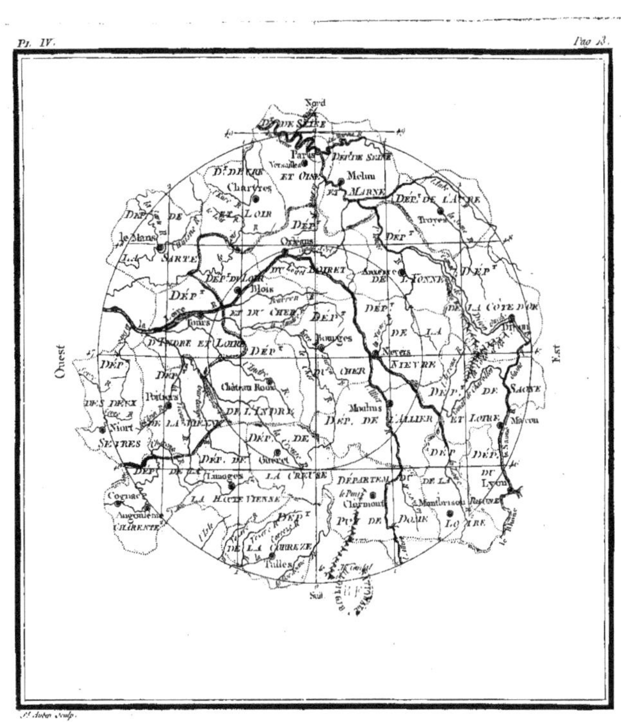

J. Aubert Sculp.

mais ancienne et mal bâtie. Populat. 6124 individus.

L'étendue en surface est de 5959 ½ kil. carrés, ou 300 lieues carrées; pop. 298,815 indiv., en 5 arrond., dont les chefs-lieux sont *Melun*, *Coulommiers*, *Meaux*, évêché, *Fontainebleau*, *Provins*.

ARTICLE VI.

CARTE CINQUIÈME.

Cette cinquième Carte offre une étendue de pays bien plus considérable que la precedente. Un troisième cercle y indique les objets qui se trouvent à 75 lieues, ou 37 myriamètres et au-delà du centre de la France. Mais quoique ce cercle atteigne la mer dans quelques endroits, je n'en parlerai cependant qu'en décrivant la carte suivante, où ces mers seront plus sensibles.

CETTE cinquième carte comprend entre le second cercle, à-peu-près, et le troisième, 31 dép. et indique la ligne au-delà de laquelle les villes sont à plus de 75 lieues du centre de la France : elle traverse les 31 dép. que l'on va décrire, en commençant par le nord.

26. *Dép. de l'Oise.* Ce dép., situé au N. de celui de Seine et Oise, a pris son nom d'une rivière qui commence dans le dép. de l'Aisne, au N. E., coule par le S. O. et se rend dans la

Seine. Le pays produit du blé, du vin, du chanvre, du lin, du foin, des artichaux excellens; il s'y trouve une forêt, dite de Compiègne, qui a 27,000 arpents, et n'est, en quelque sorte, que la continuité de la forêt de Villers-Coteret, qui en a 26,000 : au-delà de la rivière d'*Aisne*, est la forêt de Laigne qui en a 6000. Le commerce de ce dép. consiste en grains, bois, laine et ouvrages de laine : les teintures de Beauvais sont estimées. Le chef-lieu est BEAUVAIS, sur le *Therain*, à 8.8 myriam. de Paris, sur une élévation qui domine de belles plaines : on y voit un château que l'on dit avoir été bâti par César : il s'y trouve une belle promenade. La rivière qui s'y partage en deux bras, donne le mouvement à des machines mises en jeu pour le besoin de plusieurs manufactures. Pop. 13,000 habitans. C'est dans ce dép. que se trouvent les communes de *Senlis*, de *Compiègne* et celle de *Chantilly*, justement admirée autrefois par son château, et la beauté de son parc.

L'étendue en surface est de 5814 kil. carrés, ou 298 lieues carrées; popul. 369,086 indiv., en 4 arrond., dont les chefs-lieux sont *Beauvais*, *Clermont*, *Compiègne*, *Senlis*.

27. *Dép. de la Somme*. Il est au N. du précédent, et prend son nom d'une rivière qui le traverse de l'E. à l'O. Les productions principales sont les grains et les pâturages. Le

commerce consiste principalement en blé, toiles, étoffes et bas de laine. Le chef-lieu est AMIENS, *évêché*, sur la *Somme*, à 12.8 myriam. de Paris. Il s'y trouve quelques belles rues, une très-belle promenade, un très-beau bâtiment, appelé la cathédrale. Pop. 30,289 indiv. A l'O., est *Abbeville*, aussi sur la *Somme*, et assez considérable par son commerce d'étoffes de laine, de fil et de coton.

L'étendue en surface est de 6044 kil. carrés, ou 312 lieues carrées; pop. 465,064 indiv., en 5 arrond., dont les chefs-lieux sont *Abbeville*, *Doullens*, *Péronne*, *Montdidier*, *Amiens*.

28. *Dép. de l'Aisne.* Ce dép. est à l'E. des deux dép. précédens : il s'étend beaucoup du N. au S. Il s'y trouve des bois dans la partie septentrionale : on y récolte beaucoup de grains ; les vins n'y sont pas abondans. Le commerce consiste sur-tout en blé et en bois. Le chef-lieu est LAON (que l'on prononce *Lan*), sur une montagne, ville médiocrement grande, à 12.7 myriam. de Paris. Pop. 6691 habitans. A peu de distance, à l'O., est le château de *Saint-Gobin*, où se font les plus grandes glaces coulées de la France. *Soissons*, au S. O., est une commune considérable par son commerce de blé et de farine.

La surface est de 7491 ½ kil. carrés, ou 379 lieues carrés; pop. 430,628 indiv., en 5 arrond., dont les chefs-lieux sont *Château-Tierry*,

Soissons, évêché, *Laon*, *Saint-Quentin* et *Vervins*.

29. *Dép. de la Seine-Inférieure.* Ce dép. est à l'O. des précédens : il est traversé de l'E. à l'O. par la *Seine* qui s'y rend à la mer, de-là l'épithète de *Seine inférieure*, parce qu'en effet c'est la partie la plus basse de son lit. Les principales productions sont le blé et les grains de mars, le lin, le chanvre, le colsat, la navette, la pomme-de-terre. Le commerce, outre celui du Hâvre, consiste en cidre, poiré, beurre, fromage, laines, cuirs, bestiaux, étoffes de fil, de coton, etc.; chapeaux, huiles, poisson salé à Dieppe, ainsi que des ouvrages en ivoire. Le chef-lieu est ROUEN, *archevêché*, sur la *Seine*, à 13.7 myriam. de Paris, que l'on y passe sur un pont de bois, construit de telle sorte qu'il s'élève avec les marées et s'ouvre pour laisser passer les vaisseaux qui remontent la Seine. Pop. 87,000 habitans. On trouve de plus, à l'O., *le Hâvre*, port très-fréquenté par les vaisseaux venant de l'Amérique septentrionale (dont il sera parlé dans la suite), et *Dieppe* au N., port célèbre par l'industrie et le courage de ses habitans, ainsi que par ses pêches. L'administration de ce dép. s'est fort occupée des avantages qu'elle peut procurer au pays, soit par l'éducation des moutons, soit par les canaux : elle a publié plusieurs mémoires sur ces objets.

La surface est de 5938 kil. carr., ou 357 lieues carrées; pop. 642,773 indiv., en 5 arrond., dont les chefs-lieux sont le *Havre*, *Yvetot*, *Dieppe*, *Neuchâtel*, *Rouen*.

30. *Dép. de l'Eure*. Ce dép. est au S. du précédent; la *Seine* en traverse la partie du N. E. Il a pris son nom de la rivière d'*Eure*, qui coule du S. O. dans la partie occidentale, et se rend dans la *Seine*, à sa gauche, à l'E. de Pont-de-l'Arche, après avoir reçu l'*Iton*. Les productions principales sont les grains et les pâturages : le commerce principal est en grains, toiles, étoffes de laine. Le chef-lieu est EVREUX, *évêché*, sur l'*Iton*, à 10.4 myriam. de Paris : cette commune est ancienne et médiocrement belle; il s'y fait un commerce assez actif. Population 8426 individus.

L'étendue en surface est de 6083 ½ kil. carrés, ou 307 lieues carrés; pop. 415,574 indiv., en 5 arrond., dont les chefs-lieux sont *Pont-Audemer*, *Louviers*, les *Andelys*, *Evreux*, *Bernay*.

31. *Dép. du Calvados*. Ce dép. situé à l'O. du précédent, est baigné au N. par la mer. Il tire son nom d'un rocher qui se trouve, dans la mer, à la gauche de l'embouchure de l'*Orne*. Cette rivière traverse le dép. du S. au N. On s'est servi des eaux qu'elle renferme pour un canal, au moyen duquel la navigation devient facile depuis Caen jusqu'à la mer. Ce pays est

fertile en grains, en pommes, en poires; dans la partie orientale on trouve d'excellens pâturages : la vallée d'Auge, sur-tout, est très-fertile (1). Le sang y est très-beau, et les femmes y sont peut-être les plus belles de France, pour la stature et la fraîcheur. Le commerce consiste en grains, chevaux, bestiaux, cidre, drogues pour teinture, fruits secs, huile de lin et de poissons, fer, acier, toiles, draps, papiers, etc. Le chef-lieu est CAEN (prononcez *Can*), sur l'*Orne*, à 22.9 myriam. de Paris. Cette commune est grande et assez bien bâtie, entre deux vastes prairies. Pop. 30.900 habitans.

La surface est de 5704 kil. carr., ou 288 lieues carrées; popul. 480,317 indiv., en 6 arrond., dont les chefs-lieux sont *Bayeux*, évêché, *Caen*, *Pont-l'Évêque*, *Lizieux*, *Falaise*.

32. *Dép. de l'Orne*. Il est situé au S. du précédent, et tire son nom de l'*Orne* qui y a sa source et le traverse, en remontant par le N. O. Il est fertile en pâturages; le commerce consiste en serges et en draps, en dentelles, en chanvre, en chevaux, en toiles, etc. Le chef-lieu est ALENÇON sur la *Sarthe*, à 19.1 myr. de Paris :

(1) C'est, dit-on, dans une des vallées de la Vire, au S. O., que l'on nomme Veaux-de-Vire, que naquit l'espèce de chanson qui en a conservé le nom un peu altéré, il est vrai, dans celui de Vaudeville.

cette commune est grande et assez belle. Population 12,407 indiv.

La surface est de 6456 ½ kilom. carrés, ou 310 lieues carrées; popul. 397,931 indiv., en 4 arrond., dont les chefs-lieux sont *Domfront*, *Argentan*, *Alençon*, *Mortagne*.

53. *Dép. de la Mayenne*. Ce dép. est au S. O. du précédent : il prend son nom de la rivière qui le traverse du N. au S. et va se jeter dans la *Loire* après avoir reçu la *Sarthe*, grossie des eaux du *Loir*. Le pays produit peu de grains, mais du lin, du chanvre, des cidres; dans quelques cantons des vins médiocres : on y nourrit beaucoup de bestiaux. Le commerce consiste en toiles, en siamoises, en mousselines et mouchoirs. Il s'y trouve des blanchisseries considérables, des manufactures de draps, etc. Le chef-lieu est LAVAL, sur la *Mayenne*, à 28.1 myriam. de Paris; elle est d'une médiocre étendue. Cette commune à beaucoup souffert des troubles de la Vendée, et ses habitans ont montré le plus grand courage et le plus pur patriotisme. Pop. 14,154 habitans.

La surface est de 5188 ½ kilom. carrés, ou 266 lieues carrées; popul. 328,397 indiv., en 3 arrond., dont les chefs-lieux sont *Mayenne*, *Laval* et *Château-Gontier*.

54. *Dép. d'Ille et Villaine*. Il est à l'O. du précédent, et s'étend au N. jusqu'à la mer. Il a pris son nom de deux rivières, l'*Ille*, fort

petite, et la *Villaine* plus considérable, puisque elle traverse ensuite, au S., un autre dép. pour se rendre à la mer. Le pays produit d'excellens pâturages, du chanvre, du lin, de l'orge, du maïs, etc. Le commerce consiste en toiles, serges, chapeaux, excellent beurre, particulièrement celui que l'on nomme de la *Prévalais*, etc. Le chef-lieu est RENNES, *évêché*, sur la *Villaine*, à 34.6 myriam. de Paris : cette commune est grande et renferme d'assez beaux bâtimens. Pop. 25,804 habitans. Au N. est *Saint-Malo*, dans une petite île, jointe à la terre-ferme par une chaussée : ce port est d'un accès difficile.

La surface est de 6819 ½ kilom. carrés, ou 347 lieues carr.; pop. 488,605 indiv., en 6 arr., dont les chefs-lieux sont *Saint-Malo*, *Fougères*, *Vitré*, *Redon*, *Montfort*, *Rennes*.

35. *Dép. de la Loire-Inférieure*. Ce dép. est au S. du précédent, et s'étend à l'O. jusqu'à la mer. Il prend son nom de la *Loire*, l'une des plus belles rivières de France : elle le traverse de l'E. à l'O. dans la partie la plus basse de son cours. Le pays est fertile en grains : on y trouve d'excellens pâturages, des fruits et même des vignes. Au S. de la rivière est un marais très-considérable, nommé l'*étang* ou *le lac de Grand-Lieu ;* il donne beaucoup de poissons : mais comme il occupe un espace immense, on a souvent projeté de le dessécher, au moins en

partie. Le commerce consiste en draperies, toiles de lin, velours de coton, plomb, vin, eau-de-vie, du sel, de la tourbe : on y trouve de fort beaux bestiaux; il y a des manufactures d'indiennes et de toiles de coton; on y fait de très-beau linge de table, etc , objets auxquels il faut joindre tout ce qu'en temps de paix, on obtient de nos colonies. Ce pays a beaucoup souffert, non seulement de la part des ennemis, rassemblés d'abord dans la Vendée, mais même par la conduite de quelques-uns de ceux qui s'y portoient pour les combattre. Sur la côte est l'île de *Noirmoûtier*. On nomme *île* une terre environnée d'eau de tous côtés. Le chef-lieu est NANTES, *évéc.*, port sur la *Loire*, à 38.6 myr. de Paris. Cette commune est bien bâtie et très-peuplée. Pop. 73,859 habitans.

Etendue en surface, 7262 ½ kilom. carrés, ou 352 lieues carr.; pop. 368,506 indiv., en 5 arr., dont les chefs-lieux sont *Savenay*, *Château-Briant*, *Ancenis*, *Nantes*, *Paimbœuf*.

36. *Dép. de Mayenne et Loire*. Ce dép. est à l'E. du précédent : il tire son nom des deux rivières déjà nommées précédemment. Le pays est très-fertile : il produit des grains et des fruits abondamment; il y a aussi des vignes et des carrières d'ardoises. Le commerce consiste en chanvres, lins, ardoises, vins blancs, eaux-de-vie, chandelles, fruits, confitures sèches, bougies, etc. Le chef-lieu est ANGERS, *évêché*,

sur la *Mayenne*, à 30 myriam. de Paris : cette commune est grande et assez jolie. Population 33,000 habitans.

La surface est de 7188 kil. carr., ou 370 lieues carrées ; pop. 376,033 indiv., en 5 arrond., dont les chefs-lieux sont *Ségré*, *Baugé*, *Saumur*, *Beaupréau*, *Angers*.

37. *Dép. de la Vendée*. On ne prononcera pendant long-temps ce nom qu'avec douleur ! Ce dép. est au S. O. du précédent, et s'étend à l'O. le long de la mer : il tire son nom d'une petite rivière qui y coule de l'E. à l'O. On divise ce pays en deux parties, l'une est appelée le *Bocage*, l'autre le *Marais*. Le premier est si beau et si fertile qu'il peut se passer de ses voisins, et que ses voisins ne peuvent se passer de lui : il produit cependant peu de froment, mais beaucoup de seigle, d'orge, de sarrazin, d'abondans pâturages qui y nourrissent beaucoup de bestiaux. La vue y est à chaque instant récréée par un spectacle enchanteur ; au sortir d'un bois on rencontre des côteaux, des prairies, des plaines, puis on rentre dans d'autres bois. Mais quelques richesses cependant qu'offre le Bocage, il n'est pas à comparer aux trésors des Marais, c'est-là que l'on voit croître le plus beau froment de toute la France, et toutes les autres espèces de blé, à l'exception du sarrazin ; les prairies les plus grasses et les plus fertiles y nourrissent une multitude

prodigieuse de bestiaux ; les salines y sont abondantes et nombreuses ; dans les plaines, non du côté de la mer, mais à l'E., il existe beaucoup de vignes fort mal cultivées, qui produisent cependant d'excellent vin, et en assez grande abondance pour suffire aux besoins des habitans ; le lin y croît facilement, dans les terres en repos ; et chaque famille en file assez pour son propre linge. Dans le pays on est fort attaché à ce genre de propriété ; mais ce terrein produiroit encore davantage sans l'extrême attachement des habitans à leurs préjugés et aux vieilles routines. Le chef-lieu est FONTENAY, sur la *Vendée*, à 44 myriam. de Paris : cette commune est assez jolie, mais pas grande. Pop. 6600 indiv. ; à peu de distance est l'île d'*Yeu*.

La surface est de 6754 ½ kilom. carrés, ou 373 lieues carr. ; pop. 270,271 indiv., en 3 arr., dont les chefs-lieux sont les *Sables d'Olonne*, *Montaigu*, *Fontenay-le-Peuple*.

38. *Dép. de la Charente-Inférieure*. Ce dép. est au S. E. du précédent : il tire son nom de la *Charente*, qui, après l'avoir traversé du S. E. au N. O. se rend dans la mer au-delà de Rochefort. Ce pays est très-fertile, et il renferme beaucoup de marais où l'on fait passer les eaux de la mer qui y dépose du sel ; mais ces eaux, ainsi que beaucoup d'eaux douces, restant long-temps sur les terres dans un état tranquille, ou de stagnation, il en résulte un air mal-sain qui

nuit beaucoup à la santé des habitans. On tire de ces marais, outre le sel, d'excellentes huîtres, que l'on apportoit ordinairement jusqu'à Paris. Sur les côtes on pêche d'excellentes sardines, espèce de petit poisson, moins gros que le hareng, mais d'un goût beaucoup plus délicat. Le chef-lieu est SAINTES, sur la *Charente*, au pied d'une montagne, à 45.8 myriam. de Paris. Cette commune est ancienne et passablement grande. Pop. 10,162 habitans. On y trouve, de plus, deux ports considérables : *Rochefort*, sur la *Charente*, à 2 lieues, ou 9 kilomètres de son embouchure ; c'est un des trois ports de la république pour la marine militaire ; les vaisseaux y ont l'avantage de toucher la terre et de pouvoir être ainsi chargés et déchargés très-aisément. Assez près de la côte sont les îles de *Ré* et d'*Oléron ;* cette dernière est la plus grande : la première est plus considérable et plus importante. La *Rochelle*, plus au N., est un port de mer très-commode, où se fait un grand commerce.

La surface est de 7178 kil. carr., ou 355 lieues carrées ; pop. 402,105 indiv., en 6 arrond., dont les chefs-lieux sont la *Rochelle*, évêché, *Rochefort*, *St.-Jean d'Angely*, *Saintes*, *Jonsac*, *Marennes*.

39. *Dép. de la Gironde.* Ce dép. est au S. du précédent, et traversé par la rivière qui lui donne son nom, dans sa partie septentrionale,

du S. E. au N. O. Ses productions les plus riches sont les vins, que l'on divise en vins légers blancs et rouges de Médoc, et de Grave, et en vins de cargaison, qui gagnent beaucoup à traverser la mer : ces derniers vins se recueillent assez généralement dans les palus, ou bords de la rivière. Les landes qui s'étendent au loin dans la partie au S. de la rivière, produisent de la thérébentine et de la résine. Le commerce, outre celui du vin, consiste en eaux-de-vie, farines, huiles, laines, etc., et différens objets manufacturés pour les colonies. Le chef-lieu est **Bordeaux**, *archevêché*, *port*, sur la gauche de la *Garonne*, à 57.3 myriam. de Paris. Cette commune est ancienne et célèbre. On y voit une belle place, de belles promenades et des monumens publics d'un excellent goût d'architecture. Pop. 112,844 habitans.

La surface est de 10,825 ½ kilom. carrés, ou 537 lieues carr.; pop. 519,685 indiv., en 6 arr., dont les chefs-lieux sont *Blaye*, *Libourne*, la *Réole*, *Bazas*, *Bordeaux*, *Lesparre*.

40. *Dép. de la Dordogne*. Ce dép., situé au N. E. du précédent, est traversé de l'E. à l'O. par la rivière qui lui donne son nom, et qui même y reçoit la *Corrèze*. En général ce pays est montueux et couvert de bois : il ne produit que peu de grains et de vignes; mais il abonde en gibier, en truffes, en noix et en châtaignes; il s'y trouve beaucoup de mines de fer. Le

chef-lieu est PÉRIGUEUX, sur l'*Ille*, à 47.2 myr. de Paris : cette commune est ancienne et n'est pas belle; on y voit des restes d'antiquités. Population 5733 indiv.

La surface est de 8982 ½ kilom. carrés, ou 451 lieues carr.; pop. 410,350 indiv., en 5 arr., dont les chef-lieux sont *Nontron*, *Périgueux*, *Sarlat*, *Bergerat*, *Riberac*.

41. *Dép. de Lot et Garonne*. Ce dép. est au S. du précédent : il a pris son nom de deux rivière, la *Garonne*, qui le traverse du S. E. au N. E., et le *Lot*, qui vient de l'E. se jeter dans la *Garonne*, sur la droite. Les terres y sont fertiles en grains; on y recueille du vin; il s'y trouve beaucoup de gibier; on y commerce en étoffes de laine, en toiles et en bétail. Le chef-lieu est AGEN, *évêché*, sur la *Garonne*, à 62.5 myriam. de Paris. Pop. 10,840 habitans.

La surface est de 5697 kil. carr., ou 285 lieues carr.; pop. 352,900 indiv., en 4 arrond., dont les chef-lieux sont *Agen*, *Marmande*, *Nérac*, *Villeneuve-d'Agen*.

42. *Dép. du Lot*. Ce dép. est à l'E. du précédent, et prend son nom du *Lot*, rivière qui le traverse de l'E. à l'O., en le séparant en deux parties, à-peu-près égales. La partie septentrionale est traversée dans la même direction, par la *Dordogne*. Le pays est fertile en blé, en vins et en fruits; on y fait un grand commerce de pruneaux, de bétail, de blé, de

vins et d'eaux-de-vie; on en tire aussi des laines très-estimées. Le chef-lieu est CAHORS, *évêché*, sur le *Lot*, à 55.8 myriam. de Paris : cette commune est grande, mais médiocrement bien bâtie. Pop. 11,728 habitans.

La surface est de 7146 kil. carr., ou 362 lieues carr.; pop. 380,683 indiv., en 4 arrond., dont les chefs-lieux sont *Montauban*, *Figeac*, *Gourdon*, *Cahors*.

43. *Dép. du Cantal.* Ce dép. est au S. du dép. du Puy-de-Dôme, il tire son nom d'une de ses principales montagnes, presque toutes restes d'anciens volcans. Ce pays est sur-tout abondant en pâturages : il s'y trouve aussi quelques vignes qui donnent d'assez bons vins. Le chef-lieu est AURILLAC, sur la *Jordane*, à 53.9 myr. de Paris. On y commerce en bestiaux, en fromages; il s'y fabrique des étamines, des raz, des dentelles, des tapisseries. Pop. 10,557 ind.

La surface est de 5740 kil. carr., ou 294 lieues carr.; pop. 237,224 indiv., en 4 arrond., dont les chefs-lieux sont *Mauriac*, *Murat*, *Saint-Flour*, évêché, *Aurillac*.

44. *Dép. de l'Aveyron.* Ce dép. est à l'E. du précédent, au S. de celui du Cantal, traversé du N. au S. par le méridien de Paris. Le *Lot* en arrose la partie septentrionale, et l'*Aveyron*, qui a sa source dans la partie orientale, le traverse de l'E. à l'O. Ce pays est montagneux : ce qui en rend l'air très-sain, et les terres

abondantes en pâturages ; aussi y élève-t-on une grande quantité de bestiaux. Le chef-lieu est RHODEZ, sur l'*Aveyron*, à 60.3 myr. de Paris. Cette commune n'est pas très-considérable. Population 6223 habitans.

La surface est de 9028 kil. carr., ou 474 lieues carr.; pop. 328,195 indiv., en 5 arrond., dont les chefs-lieux sont *Espalion*, *Milhau*, *Saint-Afrique*, *Rodez*, *Ville-Franche*.

45. *Dép. de la Lozère*. Ce dép. est à l'E. de celui de l'Aveyron. Il a pris son nom d'une petite chaîne de montagnes qui en occupent la partie orientale : le *Lot* et le *Tarn* y ont leur source. Ces montagnes font parties de celles que l'on nomme *montagnes du Gévaudan*. Le pays est frais et peu fertile. Le nord ne produit guères que du seigle; le centre, du froment; mais il n'est cultivé que dans les vallées; le midi ne produit que des châtaignes. Il y a des mines de plomb et des eaux minérales. Les seules manufactures du pays sont pour des étoffes de laine, dites *serges* et *cadis*. Le chef-lieu est MENDE, *évêché*, sur le *Lot*, à 56.6 myriam. de Paris. Pop. 5014 habitans.

La surface est de 5093 kil. carr., ou 269 lieues carr.; pop. 155,936 indiv., en 3 arrond., dont les chefs-lieux sont *Marvejols*, *Mende*, *Florac*.

46. *Dép. de la Haute-Loire*. Le nom de ce dép. indique en même temps la rivière qui l'arrose et l'élévation physique du pays. On le

nommoit autrefois *Velay*. Il renferme en effet beaucoup de montagnes, ce qui y donne du froid, et aussi d'excellens pâturages. Le chef-lieu est le PUY, sur la montagne d'Anis, près la *Borne* et la *Loire*, à 51.1 myriam. de Paris. Le commerce y consiste en chevaux et mulets, en cuirs, étoffes de soie, etc. Pop. 15,915 hab.

La surface est de 5028 ½ kilom. carrés, ou 244 lieues carr.; pop. 257.901 indiv., en 3 arr., dont les chefs-lieux sont *Brioude*, le *Puy*, *Yssengeaux*.

47. *Dép. de l'Ardèche*. Ce dép. est vers le N. E. du précédent; le *Rhône* qui coule du N. au S. le borne à l'orient. Ce pays est montagneux, et offre de tous côtés des traces de volcans éteints. Le *Mezen* et le mont *Coïron* s'y distinguent entre les hautes montagnes. Ce dép. porte le nom d'une rivière qui se jette à l'E. dans le *Rhône*. Le chef-lieu est PRIVAS, sur un lieu élevé, à 60.6 myr. de Paris. Pop. 2923 indiv.

La surface est de 5500 kil. carr., ou 299 lieues carr.; pop. 267,525 indiv., en 3 arrond., dont les chefs-lieux sont *Tournon*, *Privas*, l'*Argentière*.

48. *Dép. de l'Isère*. Ce dép. a pris son nom d'une rivière considérable qui y entre, en coulant du N. E. au S. O., puis remonte au N. et va se jeter à l'O. dans le *Rhône*. La partie orientale est montagneuse, et donne d'excellens pâturages. Dans la partie occidentale, on recueille

d'excellens vins sur les bords du *Rhône*. On estime sur-tout celui de la *côte de Saint-André*. Le chef-lieu est GRENOBLE, *évêché*, sur l'*Isère*, à 56.8 myriam. de Paris. Cette commune est grande et belle, et commandée par une forteresse. Pop. 23,500 habitans. Au N. O., sur le *Rhône*, est *Vienne*, ville ancienne et grande, dont le commerce est considérable.

La surface est de 8412 kil. carr., ou 286 lieues carr.; pop. 441,208 indiv., en 4 arrond., dont les chefs-lieux sont *Vienne*, la *Tour-du-Pin*, *Grenoble*, *Saint-Marcellin*.

49. *Dép. de l'Ain*. Ce dép. est au N. de celui de l'Isère, et n'en est séparé que par le *Rhône*. Il a pris son nom d'une rivière qui le traverse à-peu-près du N. E. au S. O. Le pays est montagneux, cependant fertile en blé. On y trouve de bons pâturages. Le chef-lieu est BOURG, sur la *Ressouse*, dans un lieu élevé, à 43.2 myr. de Paris. Pop. 6984 individus.

La surface est de 5499 kil. carr., ou 289 lieues carr.; pop. 284,455 indiv., en 4 arrond., dont les chefs-lieux sont *Bourg*, *Nantua*, *Belley*, *Trévoux*.

50. *Dép. du Jura*. Ce dép. est au N. de la partie orientale du dép. de l'Ain. Il a pris son nom de la chaîne de montagnes qui s'étend considérablement du N. au S. dans la partie orientale de ce dép. et forme, de ce côté, les bornes de la France. Il s'y trouve deux sortes

de productions d'un mérite bien connu, ce sont, le sel que l'on obtient des fontaines minérales, et les excellens vins d'Arbois. Le chef-lieu est Lons-le-Saunier, sur la *Furieuse*, à 39.1 myr. de Paris, ville médiocrement belle, près de laquelle on trouve du marbre noir et de l'albâtre jaspé. Pop. 6041 habitans.

La surface est de 5033 ½ kilom. carrés, ou 256 lieues carrées; popul. 289,865 indiv., en 4 arrond., dont les chefs-lieux sont *Dôle*, *Poligny*, *S.-Claude*, *Lons-le-Saunier*.

51. *Dép. du Doubs*. Ce dép. est au N. E. du dép. du Jura. La rivière qui lui donne son nom le traverse du N. E. au S. E. dans la partie septentrionale. Toute la partie orientale est occupée par le Jura, où cette rivière a sa source. C'est dans ce dép. que passe la grande route qui conduit en Suisse. On y commerce en grains et en bestiaux. Le chef-lieu est Besançon, *archevêché*, sur le *Doubs*, à 38.1 myriam. de Paris. Cette commune est grande, belle et bien fortifiée. La citadelle est sur un rocher. Population 30,000 habitans.

La surface est de 5529 ½ kilom. carrés, ou 251 lieues carrées; pop. 227,075 indiv., en 4 arrond., dont les chefs-lieux sont *Besançon*, *Beaume*, *Saint-Hipolyte*, *Pontallier*, vulgairement *Pontarlier*.

52. *Dép. de la Haute-Saône*. Ce dép. est au N. O. de celui du Doubs. Il prend son nom de

la rivière qui y a sa source au-delà des montagnes de la partie septentrionale, dans celles que l'on nomme *les Vosges*. Le pays est fertile en quelques espèces de grains et en pâturages. On y recueille beaucoup de maïs. Il y a aussi des vignes, mais le vin n'en est pas recherché, parce qu'il est froid. Le chef-lieu est VESOUL, près le *Durgeon*, à 35.5 myriam. de Paris. Cette commune est d'une médiocre grandeur et n'est pas belle. Pop. 5417 individus.

La surface est de 5002 kil. carr., ou 235 lieues carr.; pop. 287,461 indiv., en 3 arrond., dont les chefs-lieux sont *Gray*, *Vésoul*, *Lure*.

53. *Dép. des Vosges*. Il est entièrement au N. du précédent. Les montagnes qui en occupent la partie méridionale, lui ont donné leur nom. Ce pays est assez abondant en vins dans la partie septentrionale. Il y croît des grains de toute espèce, du foin, du chanvre, du lin, etc. La partie occupée par les montagnes, et qui forme plus de la moitié du territoire y compris le pays appartenant ci-devant au duc de Salm, n'a que de l'orge, de l'avoine, du sarrazin. Les pommes-de-terre et les foins y nourrissent le bétail. Les terres y sont cultivées par des bœufs. On y fait de bons fromages. Il y a du chanvre et du lin. Les forêts y fournissent des bois de construction, des bois pour la marine, des planches, des sabots, de la vaisselle de bois, etc. On y trouve aussi de la tourbe. Sur les montagnes

il y a des pelouses qui nourrissent de nombreux troupeaux; des ruisseaux qui forment des lacs. On y trouve du granit, des mines de plomb, d'or, d'argent, et des carrières de marbre. Il y a plusieurs sources d'eau minérale, entre autres, celles de *Plombières* et de *Contréxeville*. Le commerce y étoit considérable. Les soieries, les verreries, les forges, les papeteries, les faïanceries, les huileries et les filatures de coton, y entretiennent encore l'industrie. Le chef-lieu est EPINAL, sur la *Moselle*, à 38 1 myriam. de Paris. Cette commune est petite et assez jolie. Pop. 7321 individus.

La surface est de 5879 ½ kilom. carrés, ou 3295 lieues carr.; pop. 308,052 individus, en 5 arrond., dont les chefs-lieux sont *Neufchâteau*, *Mirecourt*, *Epinal*, *Saint-Dié*, *Remiremont*.

54. *Dép. de la Haute-Marne.* Ce dép. a pris son nom de Haute-Marne de ce qu'il renferme les parties du lit de cette rivière les plus élevées, dont les sources sont au S., où le terrein est très-haut. C'est aussi là que se trouvent les sources de la *Meuse*. Il est à l'O. du dép. des Vosges. On y recueille des grains et d'excellens pâturages. Le chef-lieu est CHAUMONT, sur une montagne, près la *Marne*, à 24.7 myr. de Paris. C'est une commune de médiocre grandeur. Pop. 6188 habitans.

La surface est de 6331 ½ kil. carr., ou 316 lieues

carrées; pop. 225,350 indiv., en 3 arrond., dont les chefs-lieux sont *Vassy*, *Chaumont*, *Langres*.

55. *Dép. de la Meuse.* Ce dép. au N. du précédent, tire son nom de la rivière considérable qui le parcourt du S. au N. Il produit du blé, des vins; ceux de Bar sont estimés. Il y a de vastes forêts, dont l'exploitation sert aux forges, aux verreries, etc. Le commerce y consiste en vins, qui s'exploitent pour le Luxembourg et le pays de Liège. On y travaille en laine, et sur-tout en bonneterie. Le chef-lieu est BAR-SUR-ORNAIN, à 25.1 myr. de Paris. Cette commune est médiocrement grande. On l'a long-temps nommée Bar-le-Duc. Pop. 9900 individus.

La surface est de 6044 kil. carr., ou 318 lieues carr.; pop. 275,898 indiv., en 4 arrond., dont les chefs-lieux sont *Bar-sur-Ornain*, *Commercy*, *Montmédy*, *Verdun*.

56. *Dép. de la Marne.* Ce dép. est à l'O. de celui de la Meuse. Il est traversé du S. E. au N. O. par la rivière qui lui donne son nom. Les terres y sont généralement crayeuses. On y recueille beaucoup de vins, presque tous pétillans, et portant plus à la tête que les vins de Bourgogne. Il s'y trouve des tanneries. Le chef-lieu est CHALONS-SUR-MARNE, à 18.2 myriamètres de Paris, située dans une fort belle plaine. Cette commune est assez considérable,

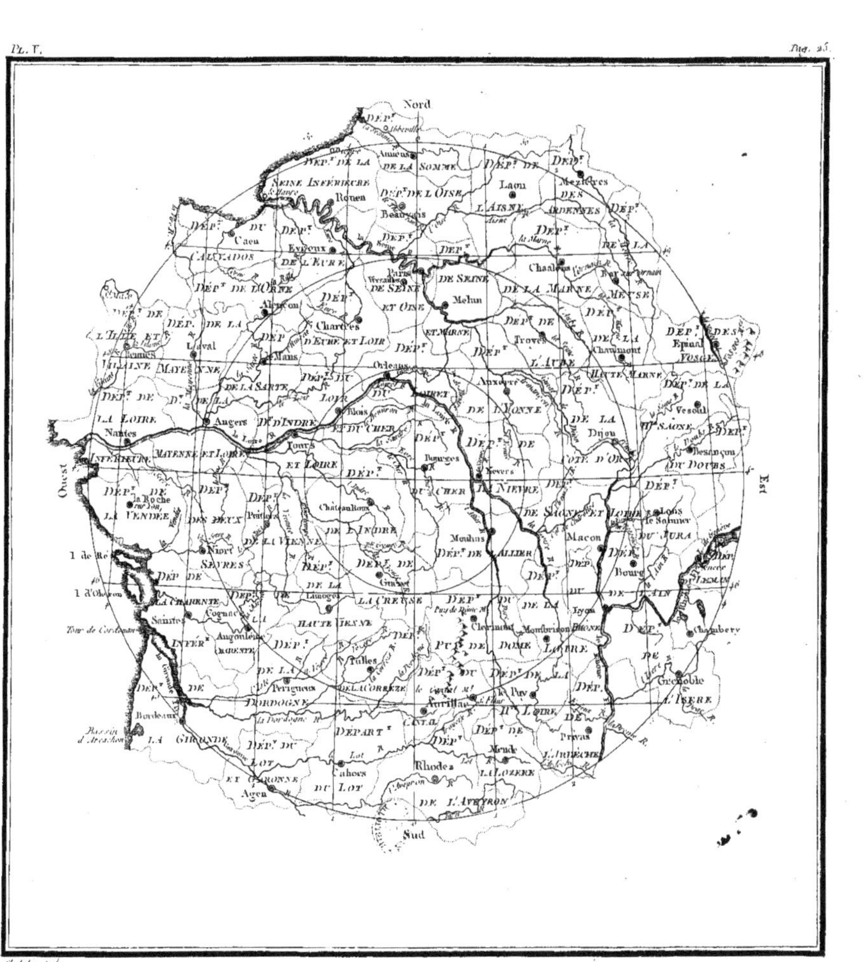
Nord
Sud
Est
Ouest
Amiens
Rouen
Beauvais
Laon
Mezières
Caen
Evreux
Paris
Versailles
Melun
Chaalons
Alençon
Chartres
Troyes
Chaumont
Epinal
Rennes
Laval
Mans
Orleans
Auxerre
Vesoul
Angers
Blois
Dijon
Nantes
Tours
Bourges
Besançon
Nevers
Poitiers
Chateauroux
Lons le Saunier
Moulins
Macon
Niort
Gueret
Bourg
Limoges
Lyon
Cognac
Saintes
Angoulême
Clermont
Montbrison
Chambery
Tulles
Grenoble
Perigueux
Aurillac
Puy
Bordeaux
Privas
Mende
Cahors
Rhodes
Agen
I. de Ré
I. d'Oleron
Tour de Cordouan
Bassin d'Arcachon
DÉP.T DE LA SOMME
DÉP.T DE L'OISE
SEINE INFÉRIEURE
CALVADOS
DE L'EURE
DÉP.T DE L'ORNE
DE SEINE ET OISE
DE SEINE ET MARNE
DE LA MARNE
DE LA MEUSE
DES ARDENNES
DÉP.T DES VOSGES
L'ILLE ET VILAINE
MAYENNE
DE LA SARTE
D'EURE ET LOIR
LOIRET
DE L'AUBE
HAUTE MARNE
DE L'YONNE
COTE D'OR
H.te SAONE
DU DOUBS
LA LOIRE INFÉRIEURE
MAYENNE ET LOIRE
D'INDRE ET LOIRE
DE LOIR ET CHER
DU CHER
DE LA NIEVRE
DE SAONE ET LOIRE
DU JURA
DE LA VENDÉE
DES DEUX SEVRES
DE LA VIENNE
DE L'INDRE
DE LA CREUSE
DE L'ALLIER
DE L'AIN
DU LEMAN
LA CHARENTE INFÉR.E
CHARENTE
HAUTE VIENNE
PUY DE DOME
DE LA LOIRE
DE L'ISERE
DE LA DORDOGNE
DE LA CORREZE
DU CANTAL
H.te LOIRE
DE LA GIRONDE
DU LOT ET GARONNE
DU LOT
DE L'AVEYRON
LA LOZERE
L'ARDECHE

La partie de la mer qui est au N. O. se nomme la *Manche*, et au N. le *Pas-de-Calais*.

La partie de la mer qui est à l'O. se nomme l'*Océan*, et le golfe de Gascogne en fait partie. On appelle *golfe*, une portion de mer plus ou moins resserrée entre des terres.

La mer qui est au S. se nomme *Méditerranée*, c'est-à-dire au milieu des terres; c'est qu'en effet elle en est entourée. On le verra plus bas, Carte VIII.

Nous allons seulement parler ici des départemens.

57. *Dép. du Nord.* Ce dép. occupe la partie la plus septentrionale de la France : il tire son nom de sa position. Il est incliné du N. O. au S. E., et, dans ce sens, est beaucoup plus étendu que dans l'autre. Il est traversé par la *Scarpe*, qui coule vers le N. E. et l'*Escaut*, qui coule vers l'E. Le pays est fertile et bien cultivé : il y vient beaucoup de grains, du lin, du chanvre. On y commerce en toile, dentelles, etc. Le chef-lieu est LILLE, à 23.6 myr. de Paris : grande, bien bâtie. Pop. 55,766 individus. On distingue *Dunkerque*, au N., port de mer très-fréquenté.

La surface est de 4784 kil. carr., ou 278 lieues carr.; pop. 774,000 indiv., en 6 arrond., dont les chefs-lieux sont *Bergues*, *Hazebrouck*, *Lille*, *Cambray*, évêché, *Avesnes*, *Douay*.

58. *Dép. du Pas-de-Calais.* Ce dép. est au S. O.

S. O. du précédent : il a pris son nom de la portion de mer qui se trouve au N. Le mot *Pas* signifie ici *passage*, et une ville située sur ce passage, lui a donné son nom. Ce dép. a la mer au N. et à l'O. Il est très-fertile, et l'on s'y occupe beaucoup d'agriculture. Le chef-lieu est ARRAS, *évêché*, sur la *Scarpe*, à 19.5 myriam. de Paris : cette commune est peuplée et assez bien bâtie. Pop. 19,364 indiv. Il y a au N. et au N. O. deux ports de mer très-intéressans. Le premier est *Calais*, port très-fréquenté par ceux qui vont en Angleterre et qui en reviennent : cette commune est fort petite. *Boulogne* est sur la côte occidentale : le passage pour aller en Angleterre s'y fait d'une manière très-prompte, ordinairement en deux heures ou deux heures et demie, et, à cet égard, il a quelques avantages sur Calais. Cette commune est riche, bien peuplée, et divisée en haute et basse. L'aspect de la mer y est libre, et, de dessus les remparts, la vue y est belle. On distingue très-bien jusques aux côtes d'Angleterre, pays dont on parlera bientôt.

La surface est de 6796 ½ kilom. carrés, ou 328 lieues carrées; popul. 566,661 indiv., en 6 arrond., dont les chefs-lieux sont *Boulogne*, *Saint-Omer*, *Béthune*, *Arras*, *Saint-Pol*, *Montreuil-sur-Mer*.

59. *Dép. de la Manche*. Ce dép., qui s'étend sur-tout du N. au S., a pris son nom de la

partie de mer qui en baigne les côtes à l'O. et au N. Le pays produit beaucoup de pâturages et de pommes : on y fabrique des toiles et sur-tout des serges. Le commerce est en bestiaux, garance, laine, parchemin, dentelles, etc. Le chef-lieu est SAINT-LO près la droite de la Vire, à 24 myriam. de Paris. Pop. 6987 individus. Cette commune est peu considérable. Elle est bâtie sur une hauteur, à une petite distance de la mer. C'est au N. qu'est le beau port de *Cherbourg*, le seul de la Manche où l'on puisse recevoir des vaisseaux de guerre, depuis les grands travaux que l'on y a faits; car il doit toute sa force aux ressources de l'art.

La surface est de 6757 kil. carr., ou 318 lieues carr.; pop. 528,912 indiv., en 5 arrond., dont les chefs-lieux sont *Valognes*, *Saint-Lo*, *Mortain*, *Avranches*, *Coutances*, évêché.

60. *Départ. des Côtes du Nord.* Comme la France, de ce côté, s'avance considérablement et forme ce que l'on nomme une *presqu'île*, c'est-à-dire une terre entourée de trois côtés par les eaux, on a nommé *Côtes du Nord* celles qui, en effet, sont au Nord baignées par la Manche. Ce dép. produit des grains, sur-tout du maïs. Le chef-lieu est SAINT-BRIEUC, *évêché*, à 45.6 myriam. de Paris, port de mer assez petit. On y commerce en grains, en fer et en fil. Pop. 8090 habitans.

L'étendue en surface est de 7367 kil. carrés,

ou 353 lieues carr.; popul. 499,927 indiv., en 5 arrond., dont les chef-lieux sont *Lannion*, *Saint-Brieuc*, *Dinan*, *Loudéac*, *Guingamp*.

61. *Dép. du Morbiham*. Ce dép. est au S. du précédent : il a pris son nom d'une espèce d'étang, ou lagune, formé par les eaux de la mer au S., et que l'on nomme *Morbihan*. Les principales productions sont le maïs, le blé, le lin et le chanvre. Le chef-lieu est VANNES, *évêché*, à 44.4 myriam. de Paris, petit port de mer, sur un canal qui communique avec le *Morbihan*. Pop. 9012 individus.

La surface est de 6817 kil. carr., ou 328 lieues carr.; pop. 425,485 indiv., en 4 arrond., dont les chefs-lieux sont *Pontivi*, *Ploërmel*, *l'Orient*, *Vannes*.

N. B. Dans ces deux départemens, ainsi que dans quelques autres de cette même partie de la France, la masse du peuple parle un langage que les Savans reconnoissent pour être celui des plus anciens habitans connus de l'Europe. On le nommoit alors *Langue celtique* : on l'appelle aujourd'hui le *bas Breton*, parce qu'il n'est parlé que dans la partie basse du pays qui se nommoit ci-devant la Bretagne.

62. *Dép. des Landes*. Ce dép. est dans la partie S. O. de la République, ayant au N. celui de la Gironde, et la mer à l'O. Il a pris son nom de la qualité de ses terres. On appelle *Landes*, des terres en quelque sorte stériles, qui ne produisent

que des bruyères, des genêts et autres arbustes : telles sont celles de ce dép. Il est traversé dans la partie du S. E. par la rivière appelée *Adour*, qui coule du N. E. au S. O. Le chef-lieu est MONT-DE-MARSAN, sur la *Douze*, à 70.2 myriamètres de Paris, commune fort peu considérable. Pop. 2866 individus.

La surface est de 9[illegible]05 kil. carr., ou 468 lieues carr.; pop. 228,889 indiv., en 3 arrond., dont les chefs-lieux sont *Mont-de-Marsan*, *Saint-Séver*, *Dax*.

63. *Dép. du Gers.* Ce dép. à l'E. du précédent, a pris son nom d'une rivière qui le traverse du N. au S. Le pays est fort montagneux, cependant assez fertile. Le chef-lieu est AUCH, près du *Gers*, sur une montagne, à 69.9 myriam. de Paris. Cette commune est grande, mais elle n'est pas belle. Le commerce y consiste sur-tout en eau-de-vie. Pop. 7696 indiv.

La surface est de 6700 kil. carr., ou 339 lieues carr.; pop. 291,845 indiv., en 4 arrond., dont les chefs-lieux sont *Condom*, *Lectoure*, *Auch*, *Lambès*, *Mirande*.

64. *Dép. de la Haute-Garonne.* Ce dép. est à l'E. du dép. du Gers. Son nom lui vient de ce qu'il est vers le haut du cours de cette rivière qui prend, un peu au-delà de Bordeaux, le nom de *Gironde*. Le pays est fort montagneux, mais fertile en beaucoup d'endroits. Il produit du grain et des pâturages; on y trouve de beau

marbre. Le principal commerce est en bestiaux et sur-tout en mulets. Il existe dans quelques vallées des sources d'eau chaude (ce que l'on nomme *eaux thermales* : elles sont du genre de celles que l'on nomme *médicinales*, et quelquefois *minérales*), dans lesquelles on se baigne pour se guérir des maladies auxquelles leurs vertus sont propres. Le chef-lieu est Toulouse, *archevêché*, sur la *Garonne*, à 71.1 myriam. de Paris. Cette commune est grande, mais ancienne. Pop. 50,171 habitans. C'est tout près que commence un canal (espèce de rivière creusée par le travail des hommes) au moyen duquel on fait passer en bateau des marchandises qui viennent de l'Océan par la Garonne, et vont à la Méditerranée, par le moyen de ce beau canal.

La surface est de 7559 kil. carr., ou 373 lieues carr.; pop. 432,263 habitans, en 5 arrond., dont les chefs-lieux sont *Castel-Sarazin*, *Toulouse*, *Ville-Franche*, *Muret*, *Saint-Gaudens*.

65. *Dép. du Tarn*. Ce dép. au N. E. du précédent, est traversé, dans sa partie septentrionale, par la rivière qui lui donne son nom. On y recueille du froment, du seigle, de l'avoine, du maïs, du chanvre, des pommes-de-terre et quelques légumes : on y récolte aussi des vins, des fourrages, des châtaignes, du pastel, de l'anis. Il y a des mines de charbon de terre, de fer, de plomb : on y nourrit beaucoup de

bestiaux. Le chef-lieu est ALBY, sur le Tarn, Populat. 9649 habitans. Commerce, blé, vins, fruits secs, draps; fabrique, toiles de coton, serges, ratines, etc.

La surface est de 5768 kil. carr., ou 269 lieues carr.; pop. 272,165 indiv., en 4 arrond., dont les chefs-lieux sont *Guillac*, *Albi*, *Castres*, *Lavaur*.

66. *Dép. de l'Aude*. Il est au S. du précédent, arrosé par l'*Aude* qui lui donne son nom, et coule dans le sens du canal, du N. O. au S. E., puis à l'E. Ce pays produit des pâturages et des vignes. Le chef-lieu est CARCASSONE, *évêché*, sur l'*Aude*, à 76,5 myriam. de Paris. Le commerce de cette commune consiste en vins, eau-de-vie, fruits, draps. Pop. 15,219 habitans.

La surface est de 6509 ½ kilom. carrés, ou 324 lieues carrées; popul. 226,198 indiv., en 4 arrond., dont les chefs-lieux sont *Castelnaudary*, *Carcassone*, *Narbonne*, *Limoux*.

67. *Dép. de l'Hérault*. Ce dép. est au N. E. du précédent : il touche à la mer Méditerranée dans toute la partie du S. E. Son nom lui vient de sa principale rivière qui le traverse à-peu-près du N. au S. On y recolte des grains et des fruits. Le chef-lieu est MONTPELLIER, *évêché*, sur une montagne, près du *Merdanson*, à 74.8 myriam. de Paris. Cette commune est grande, belle et fort peuplée : on s'y occupe avec succès des études qui entrent dans la connoissance de la

médecine. Il s'y fait aussi un assez grand commerce en draperies, laines, verd-de-gris, vins, huile, fruits secs, olives, etc. Populat. 33,913 individus.

La surface est de 6309 kil. carr., ou 317 lieues carr.; pop. 291,957 indiv., en 4 arrond., dont les chefs-lieux sont *Lodève*, *Montpellier*, *Béziers*, *Saint-Pons*.

68. *Dép. du Gard.* Ce dép. est au N. E. du départ. de l'Hérault. Il est borné à l'E. par le *Rhône*, fleuve considérable qui, depuis Lyon, coule au S. et se jette dans la Méditerranée. Le *Gard* est une petite rivière qui traverse ce dép. du N. O. au S. E., et se jette dans le *Rhône*. Le pays est fort montagneux. Le chef-lieu est NIMES, dans une plaine fertile en blé, en olives et même en vignes, à 69.8 myriam. de Paris. Cette commune est grande et riche. On y voit des monumens qui y existent depuis le temps des Romains, peuple qui possédoit la France plusieurs siècles avant les François, dans un temps où toutes les terres de la république se nommoient *la Gaule*. Pop. 39,300 indiv.

La surface est de 5997 kil. carr., ou 292 lieues carr.; pop. 309,052 indiv., en 4 arrond., dont les chefs-lieux sont *Alais*, *Uzès*, *Nîmes*, *Vigan*.

69. *Dép. de Vaucluse.* Ce dép. est à l'E. du précédent, et s'en trouve séparé par le *Rhône*. Il a pris son nom d'une source d'eau ou fontaine

depuis long-temps célèbre par la beauté sombre et agreste du local où elle se trouve. La *Durance* le borne au S. Le pays produit des mûriers, des oliviers, de la vigne. Le chef-lieu est AVIGNON, *évêché*, sur le *Rhône*, à 74.6 myriam de Paris. Cette commune est grande et belle. Population, 20,171 individus.

La surface est de 2445 ½ kilom. carrés, ou 116 lieues carrées; popul. 190,180 indiv., en 4 arrond., dont les chefs-lieux sont *Orange*, *Avignon*, *Carpentras*, *Apt*.

70. *Dép. de la Drôme*. Ce dép. est au N. de celui de Vaucluse : il a reçu son nom d'une rivière qui le traverse de l'E. à l'O. En général les terres y sont fertiles, et l'on y trouve d'excellens pâturages. Le chef-lieu est VALENCE, *évêché*, sur le *Rhône*, à 62.4 myriam. de Paris. Cette commune est grande et ancienne : on y commerce sur-tout en étoffes de laine et en vins. Pop. 7532 individus.

La surface est de 6759 kil. carr., ou 311 lieues carr.; pop. 231,188 indiv., en 4 arrond., dont les chefs-lieux sont *Valence*, *Die*, *Nyons*, *Montelimar*.

71. *Dép. des Hautes-Alpes*. On appelle les *Alpes* un massif considérable de montagnes, dont une partie borne la France de ce côté. Elles sont très-élevées dans la partie orientale de ce dép., ce qui lui a mérité son nom. Le pays est fertile en grains; il produit aussi beaucoup

d'oliviers et des pâturages. La principale rivière est la *Durance*, qui coule du N. E. au S. O. Le chef-lieu est GAP, sur la *Benne*, au pied d'une montagne, à 68 myriam. de Paris. On trouve dans son territoire des eaux minérales. Population, 8050 individus.

La surface est de 5535 ½ kilom. carrés, ou 215 lieues carrées; popul. 118,322 indiv., en 3 arrond., dont les chefs-lieux sont *Briançon*, *Embrun*, *Gap*.

72. *Dép. du Mont-Blanc*. Ce dép. est au N. E. de celui de l'Isère. Il est borné à l'E. et au S. par de hautes montagnes qui, quoiqu'ayant chacune des noms particuliers, font cependant partie de celles que l'on nomme les Alpes. C'est une de ces montagnes, la plus élevée de toutes, que l'on nomme le *mont Blanc* (1), et qui a donné son nom au départ. Il y croît du blé, des légumes et des fruits abondamment. On y exploite du sel de l'espèce appelée *sel gemme*, qui est semblable au sel blanc, et que l'on trouve par pierres dans la terre; il y en a d'autres que l'on retire de l'eau de quelques fontaines, en faisant évaporer cette eau. Il y a des mines de plomb et des mines d'argent, des carrières de marbre et d'ardoise, des mines de fer. On y trouve même de très-beaux cristaux naturels,

(1) Au-dessus du niveau de la mer, 2391 toises.

et, ce qui n'est pas moins utile, du charbon de terre. Le commerce consiste en fromage, beurre, huile de noix, mulets, veaux et moutons; verrerie, fer, soies, chanvre et pelleteries. On y fabrique des gazes très-recherchées, des bas, des bonnets, etc. Le chef-lieu est CHAMBÉRY, *évêché*, sur la *Leisse*, à 52,4 myriam. de Paris, dans une vallée fertile : cette commune est grande et considérable. Pop. 10,300 indiv.

La surface est de 6404 kil. carr., ou 330 lieues carr.; pop. 283,106 indiv., en 4 arrond., dont les chefs-lieux sont *Chambéry*, *Annecy*, *Moutiers*, *Saint-Jean-de-Maurienne*.

73. *Dép. du lac Léman.* Ce dép. comprend le petit territoire de la république de Genève, dont le vœu a été de se réunir à la France. On y a joint le pays de Carrouge, qui étoit du dép. du Mont-Blanc, et le pays de Gex qui étoit du dép. de l'Ain. Le chef-lieu est GENÈVE, à l'endroit où le *Rhône* sort du lac, à 42.5 myriam. de Paris. Cette commune est divisée en *haute* et *basse* ville; elle est fort riche, et fait un grand commerce, sur-tout en horlogerie. Les édifices publics y sont très-beaux. Population, 23,300 individus.

La surface est de 2752 kil. carr., ou 129 lieues carr.; pop. 215,884 ind., en 3 arrond., dont les chefs-lieux sont *Genève*, *Thonon*, *Bonneville*.

N. B. *Le dép. du Mont-Terrible a été compris dans celui du Haut-Rhin.*

74. *Dép. du Haut-Rhin.* Il est au N. du précédent, borné à l'E. par le *Rhin*, fleuve très-considérable, dont on parlera ailleurs. Les productions sont le froment, le blé de maïs, le seigle, l'orge, l'avoine, les légumes de différentes sortes; la navette, le colza, le chanvre, la garance; des vins, des fruits, des plantes potagères et des bois. On y exploite des mines de fer, de plomb, de charbon de terre. Il s'y fabrique des draps, des toiles, du papier. Il y a des forges, et près du chef-lieu une fabrique de montres, dont plusieurs pièces se travaillent par des procédés dont le citoyen Frédéric Jeaupenis est l'inventeur : cette manufacture date des années 1774 et 1775. Le chef-lieu est COLMAR, sur l'*Ill*, à 47,8 myriam. de Paris, dans un bassin, entre le plateau des Vosges et celui de la Suisse. Cette commune est bien fortifiée. Pop. 13,396 habitans.

L'étendue en surface est de 5496 kil. carr., ou 260 lieues carr.; pop. 382,385 indiv., en 5 arrond., dont les chefs-lieux sont *Colmar*, *Altkirch*, *Délémont*, *Porentruy*, *Béfort*.

75. *Dép. du Bas-Rhin.* Ce dép. est au N. du précédent, et de même borné à l'E. par le *Rhin*. (Il s'étend un peu au-delà du quatrième cercle). Il est montagneux dans toute la partie occidentale. En général le pays est fertile en blé, en vins et en pâturages : il se trouve, dans les montagnes, des mines de plomb, de cuivre et

même d'argent, ainsi que des eaux minérales. Le chef-lieu est STRASBOURG, *évêché*, sur l'*Ill*, à 44.4 myriam. de Paris. Cette commune est ancienne, grande et belle : elle est bien fortifiée. A peu de distance est un pont de bois sur le Rhin. Pop. 46,056 habitans.

La surface est de 4955 ½ kilom. carrés, ou 268 lieues carrées ; pop. 444,858 indiv., en 4 arrond., dont les chefs-lieux sont *Wissembourg*, *Saverne*, *Strasbourg*, *Barr*.

76. *Dép. de la Meurthe.* Ce dép. est à l'O. de celui du Bas-Rhin. Il a pris son nom d'une rivière qui commence au S. dans les Vosges, et remonte au N. se jeter dans la *Moselle*. Le pays est en général assez fertile ; il s'y trouve beaucoup de bois et particulièrement des fontaines dont l'eau contient du sel que l'on obtient en faisant bouillir cette eau, ce qui la fait évaporer : il ne reste alors que le sel. Le chef-lieu est NANCY, *évêché*, sur la *Meurthe*, à 33.4 myriam. de Paris. Cette commune est grande, forte, et bien bâtie : il s'y trouve une place magnifique. Le commerce y est très-actif. Population, 29,740 individus.

La surface est de 6290 kil. carr., ou 310 lieues carr. ; pop. 342,187 indiv., en 5 arrond., dont les chefs-lieux sont *Toul*, *Nancy*, *Château-Salins*, *Sarrebourg*, *Lunéville*.

77. *Dép. de la Moselle.* Il est exactement au N. du précédent et produit des grains, de la

vigne et des fourrages. L'avoine y est quelquefois retardée par des pluies froides. Il y croît aussi des fruits, des légumes, des pommes de terre, du lin, du chanvre, du bois en grande quantité, mais qui, depuis la guerre, commence à y être plus rare. On y récolte des laines, et l'on y fabrique de gros draps. Tous ces objets entrent dans le commerce, aussi bien que l'eau-de-vie de fruits ou *Kershwasser*, la poudre à poudrer, différens objets d'ébénisterie. Le chef-lieu est METZ, *évêché*, sur la *Moselle*, à 30.8 myriam. de Paris. Cette commnne est très-grande, forte, et bien bâtie. Il y a de plus une bonne citadelle : elle est fort peuplée. Population, 33,099 individus.

La surface est de 6308 kil. carr., ou 328 lieues carr.; pop. 357,788 indiv., en 4 arrond., dont les chefs-lieux sont *Briey*, *Thionville*, *Metz*, *Sarreguemines*.

78. *Dép. des Ardennes*. Ce dép. est au N. O. du précédent. Il a pris son nom d'une vaste forêt qui en couvre la plus grande partie. Il est arrosé par deux rivières considérables, la *Meuse*, qui coule du S. au N. dans la partie orientale, et l'*Aisne* qui coule de l'E. à l'O. dans la partie méridionale. On y distingue trois natures de sol très-différentes. Toute la partie septentrionale est couverte de bois; et, dans ces bois, beaucoup de terres sont incultes et si froides, que les habitans sont obligés de les

brûler pour en tirer parti (c'est ce qu'on appelle dans le pays, *brûler les serres*) (1). Du côté du département de l'Aisne, on récolte assez abondamment du froment, du seigle, de l'orge, de l'avoine et du chanvre. Il y a beaucoup de communes, sur-tout au centre, où l'on trouve des arbres fruitiers, tels que pommiers, pruniers, cerisiers, etc. On y trouve aussi une assez grande quantité de vignes. Le commerce consiste surtout en étoffes de laine : les draps de Sédan sont très-estimés. On y commerce aussi en toiles. Il s'y trouve des mines de fer, d'ardoise, et des carrières de marbre. Il y a près de Mézières des tanneries, une fabrique d'armes à Charleville, et une fonderie de canons à Sédan. On remarque dans ce dép. un phénomène qui n'est connu, que je sache, par aucun ouvrage géographique. C'est une espèce de lac, situé sur une haute montagne; il ne reçoit aucune rivière, ni ruisseau propre à l'alimenter, et ne s'épanche jamais. Cependant il conserve exactement le même degré de hauteur. Les eaux en sont toujours également fraîches et limpides. On n'a pu mesurer la profondeur de ce lac, mais il est certain qu'il est très-profond. On essaya, il y a plusieurs années, d'y jeter un cordeau de soixante brasses,

(1) Les matières dont on se sert pour opérer la combustion de la terre portent ce nom et lui servent d'engrais.

il n'atteignit pas le fond ; on apprit seulement par cette expérience, que ce lac, dans tout son circuit intérieur, alloit en diminuant en fond de cuve. Les bords sont d'une terre argilleuse, qui, toujours mouillée, le rend en quelque sorte, inaccessible, excepté cependant en été. C'est ce qui lui a fait donner le nom de *fosse aux mortiers*. Il est situé sur le territoire de *Signy*, à près de 2 myr. de Mézières. Il est probable que c'est le cratère ou large embouchure de quelque volcan éteint depuis un grand nombre de siècles. Le chef-lieu est MÉZIÈRES, à 23.4 myriam. de Paris, sur la *Meuse*, qui la sépare d'une autre commune, nommée Charleville. Mézières est fortifiée, et, de plus, a une bonne citadelle. Pop. 3318 individus.

La surface est de 5252 $\frac{1}{2}$ kilom. carrés, ou 278 lieues carr. ; pop. 264,036 indiv., en 5 arr., dont les chefs-lieux sont *Rocroy*, *Mézières*, *Sedan*, *Réthel*, *Vouziers*.

N. B. Les départemens suivans, faisoient partie de la Belgique, appelée autrefois Pays-Bas, et de quelques cercles de l'Empire germanique ; on les désigne quelquefois actuellement par le nom de départemens réunis.

79. *Dép. des Forêts*. Ce dép. est au N. du dép. de la Moselle : il renferme l'ancien duché de *Luxembourg*, pays montagneux et couvert de bois. Le chef-lieu est LUXEMBOURG, à 34.8 myriam. de Paris, au S. sur l'*Esle*, qui

la divise en haute et basse ville. Population, 10,000 habitans.

La surface est de 6910 kilom. carrés, ou 340 ¼ lieues carr.; pop. 225,549 individus, en 4 arrond., dont les chefs-lieux sont *Neuchâteau*, *Luxembourg*, *Bittbourg*, *Dieckirch*.

80. *Dép. de Sambre et Meuse*. Il est au N. O. du précédent et renferme aussi des montagnes, différentes sortes de carrières de marbre, des mines de fer, de plomb, de houille, etc. Le chef-lieu est NAMUR, évêché, à 34,5 myr. de Paris, au confluent de la *Sambre* qui vient de l'O. et de la *Meuse*, entre deux montagnes. Pop. 16,000 habitans.

La surface est de 4579 kilom. carrés, ou 229 ¼ lieues carrées; pop. 165,192 individus, en 4 arrond., dont les chefs-lieux sont *Namur*, *Dinant*, *Marche*, *Saint-Hubert*.

81. *Dép. de Jemmappe*. Il est au N. O. du précédent et à l'E. d'une partie du dép. du Nord. C'est l'ancien Hainaut. Le chef-lieu est MONS, à 24.4 myriam. de Paris, bâtie en partie dans une plaine et en partie dans un terrein marécageux. Pop. 17,291 indiv. Ce pays est très-fertile. Le commerce consiste en grains, bestiaux, bois, charbon de terre, marbre, pierre à chaux, etc.

La surface est de 3766 kil. carrés, ou 220 ½ lieues carr.; pop. 412,129 indiv., en 3 arr., dont les chefs-lieux sont *Tournay*, *Mons*, *Charleroy*.

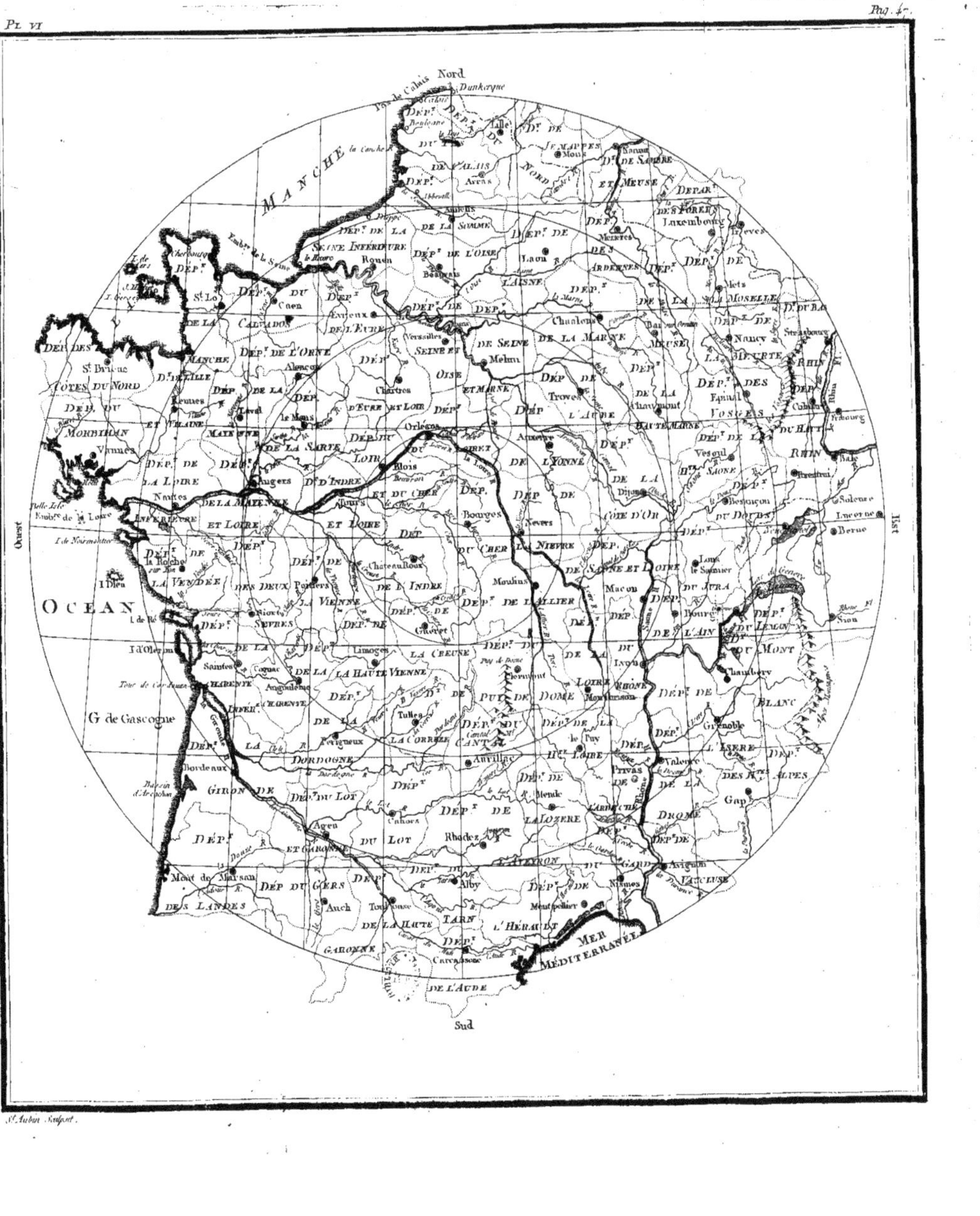

St. Aubin Sculpsit.

ARTICLE VIII.

CARTE SEPTIÈME.

La septième Carte offre un cinquième cercle, ce qui embrasse une étendue de 125 lieues de rayon, ou 55.6 myriam., autour du centre dont nous sommes d'abord partis. Mais il s'en faut de beaucoup que la France ait cette étendue. Aussi ne reste-t-il à parler que de quelques départemens qui se trouvent à environ 45 myriam. du centre. Je prendrai occasion de l'étendue de cette carte pour faire connoître les États principaux qui avoisinent la France, mais dont on concevra mieux la grandeur et la position par l'inspection de la carte d'Europe qui va suivre.

LES départemens compris entre le quatrième et le cinquième cercles, sont les suivans.

82. *Dép. du Finistère.* Ce dép. termine la France à l'Occident. Il se trouve à l'extrêmité d'une presqu'île, que forment les terres de ce côté. De-là le nom de *Finistère*, ou fin de la terre, qui lui a été donné à si juste titre. La terre n'y est pas trop fertile, excepté en quelques espèces de grains. Le chef-lieu est QUIMPER, *évêché*, sur l'*Odet*, à 57.4 myriam. de Paris. Cette commune est grande, mais pas belle. Population, 6608 habitans. On trouve de plus à l'O., *Brest*, superbe port de mer, très-fortifié. Le peuple des campagnes n'y parle généralement

que le Bas-Breton, dont on fait aussi usage dans les grandes communes. C'est un des trois ports dans lesquels il peut être construit des vaisseaux de guerre.

La surface est de 6933 ½ kilom. carrés, ou 343 lieues carr.; pop. 474,349 individus, en 5 arrond., dont les chefs-lieux sont *Brest*, *Morlaix*, *Châteaulin*, *Quimper*, *Quimperlé*.

83. *Dép. des Basses-Pyrénées.* On nomme *Pyrénées* de hautes montagnes qui se trouvent de ce côté, à l'endroit où finit la France, et où commence un autre État, que l'on nomme Espagne. Ces montagnes vont en s'abaissant du côté de l'O., vers la partie de la mer que l'on nomme Golfe de Biscaye. Tout le pays est fort montagneux. Il y vient des fourages, du bois, etc. Le chef-lieu est PAU, sur une rivière que l'on nomme *Gave de Pau*, à 78.6 myriam. de Paris. Cette commune est peuplée et commerçante. Pop. 8585 indiv. A l'embouchure de l'*Adour* est *Bayonne*, port où se fait un assez grand commerce.

La surface est de 7559 ½ kilom. carrés, ou 388 lieues carr.; popul. 385,708 individus, en 5 arr., dont les chefs-lieux sont *Pau*, *Oleron*, *Mauléon*, *Bayonne*, évêché, *Orthèz*.

84. *Dép. des Hautes-Pyrénées.* La chaîne de montagnes qui, dans le dép. précédent, paroît s'abaisser jusqu'à la mer, s'élève fort haut dans ce dép. nommé, par cette raison,

des *Hautes-Pyrénées*. Ce pays est connu, surtout par ses beaux marbres, tels que ceux que l'on nomme *Verd Campan*, *Sarracolin*, etc., et par ses eaux minérales et *thermales*; telles sont celles de *Bagnères* et de *Barèges*. Les vallées de ces montagnes donnent d'excellens pâturages. Le chef-lieu est TARBES, à 82.6 myr. de Paris, sur l'*Adour*, commune qui n'a rien de remarquable. Pop. 6777 individus.

La surface est de 4699 kilom. carrés, ou 235 lieues carr.; pop. 206,680 indiv., en 3 arr., dont les chefs-lieux sont *Tarbes*, *Bagnères*, *Argelès*.

85. *Dép. de l'Arriège*. Ce dép. est au S. de celui de la Haute-Garonne. Il a pris son nom de l'*Arriège*, qui le traverse du S. au N. et va se rendre dans la *Garonne*. Le pays est fort montagneux, et très-froid sur les montagnes. On y recueille d'excellens pâturages. Le chef-lieu est FOIX, sur l'*Arriège*, à 75.2 myriam. de Paris. Cette commune est petite, et cependant assez commerçante. Pop. 3600 indiv.

La surface est de 5295 kil. carr., ou 244 lieues carrées; pop. 191,693 indiv., en 3 arrond., dont les chefs-lieux sont *Pamiers*, *Saint-Girons*, *Foix*.

86. *Dép. des Pyrénées-Orientales*. On a donné ce nom à la partie des Pyrénées qui est vers l'Orient, et s'abaisse vers la Méditerranée. Ce dép. a la mer Méditerranée à l'E., et le

dép. de l'Aude au N. Il est traversé de l'O. à l'E. par le *Tet*, qui s'y rend à la mer. Ce pays est fort montagneux; entre autres montagnes sont le *Canigou*, haute de 1440 toises (2780 mètres), et le *mont Perdu*, haut de 1718 toises (3435 mètres); cependant il produit du vin, des pâturages, du blé, et des oliviers. Le chef-lieu est PERPIGNAN, sur le *Tet*, à 88.8 myriam. de Paris, commune assez considérable. Population, 11,000 individus.

La surface est de 4114 ½ kilom. carrés, ou 212 lieues carr.; pop. 117,764 indiv., en 3 arr., dont les chefs-lieux sont *Perpignan*, *Céret*, *Prades*.

87. *Dép. des Bouches du Rhône*. Le *Rhône* est un fleuve considérable par sa largeur, la longueur et la rapidité de son cours. Il a sa source dans une montagne des Alpes, en Suisse. Il coule d'abord de l'E. à l'O., traverse le lac de Genève, entre en France, et vient jusqu'à Lyon; de cette commune, il tourne au S., et se rend dans la mer Méditerranée par plusieurs embouchures qui laissent entre elles de vastes terreins, la plupart arides. Dans ceux qui ne le sont pas, on élève des bœufs, des chevaux, des moutons. Ce dép. a au N. la *Durance*, rivière qui le sépare du dép. de Vaucluse. Le chef-lieu est MARSEILLE, à 79.9 myriam. de Paris, port de mer riche et considérable; cette commune est très-ancienne, ornée, grande et

très-peuplée. On y commerce sur-tout en fruits, en huile, etc. Pop. 111,130 habitans.

La surface est de 6019 ½ kilom. carrés, ou 298 lieues carrées; pop. 320,072 indiv., en 3 arrond., dont les chefs-lieux sont *Marseille*, *Aix*, archevêché, *Tarascon*.

88. *Dép. du Var*. Ce dép. est au N. E. du précédent; il a aussi la mer Méditerranée au S. En général le pays est sec et chaud. Il y croît des olives, des oranges, des citrons. Les pâturages y sont rares; aussi y élève-t-on beaucoup plus de moutons que de bœufs. Le chef-lieu est DRAGUIGNAN, à 84.2 myriam. de Paris, ville peu commerçante. Pop. 6561 indiv. Au S. O. est *Toulon*, très-beau port de mer, bien fortifié. C'est un des trois ports de France, où peuvent entrer des vaisseaux de guerre. A une certaine distance, au N. E. est le petit port de *Fréjus*, entouré de marais, qui en rendent l'air mal-sain; et, peu loin, *Antibes* petit port. A-peu-près à égale distance de Fréjus et de Toulon, sont les îles d'Hyères, peu éloignées de la côte. Ces îles produisent une très-grande quantité d'oranges, de citrons, de grenades; le ciel y est presque toujours beau.

La surface est de 7255 ½ kilom. carrés, ou 378 lieues carr.; pop. 269,142 individus, en 4 arrond., dont les chefs-lieux sont *Brignolles*, *Draguignan*, *Grasse*, *Toulon*.

89. *Dép. des Basses-Alpes*. Ce département

comprend la partie des Alpes la moins élevée du côté de la France. La rivière principale est la *Durance*, dont le cours, très-rapide, se termine dans le *Rhône*, au-dessous d'Avignon. Le chef-lieu est DIGNE, *évêché*, à 75,5 myriam. de Paris, sur la *Bléone*, au pied des montagnes. On trouve dans son territoire des bains chauds assez estimés. Population, 2872 habitans.

La surface est de 7450 kilomètres carr., ou 373 lieues carr.; popul. 140,121 individus en 5 arr., dont les chefs-lieux sont *Barcelonnette*, *Castellane*, *Digne*, *Sisteron*, *Forcalquier*.

90. *Dép. des Alpes-Maritimes*. Ce dép. situé au pied de la partie des Alpes qui s'abaisse vers la mer, en a reçu son nom. Il est au N. du précédent. Le pays est couvert de montagnes, et divisé en un grand nombre de petites vallées. On y recueille peu de blé, mais le vin y est bon, et l'huile excellente. Il règne sur la côte un printemps presque perpétuel. Le chef-lieu est NICE, *évêché*, port de mer, à 88 myriamètres de Paris; cette commune est jolie et fortifiée de murs et d'un rempart. Population, 18,475 habitans : un peu à l'E. sur la côte est *Monaco*, petit port sur un rocher.

La surface est de 2226 ½ kilom. carr. ou 160 lieues carr.; pop. 87,071 indiv. en 3 arr., dont les chefs-lieux sont *Nice*, *Monaco*, *Puget-Téniers*.

Départemens de l'île de Corse.

L'île de Corse est dans la Méditerranée, au S. du golfe de Gênes. Elle est coupée en parties orientale et occidentale par le 7e deg. de longit. et en parties septentrionale et méridionale par le 42e degré de latitude. L'intérieur de l'île est occupé par de hautes montagnes. Les plus considérables sont le *Monte-Rotondo*, qui a 1371 toises d'élévation, et le *Monte-d'Oro*, qui en a 1361. Les principales rivières sont le *Golo* et *Tavignano*, qui coulent de l'O. à l'E. Les principales productions sont des vignes, des grains, des olives, des bois de construction, de la soie, etc.

Cette île, depuis le premier juillet de l'an 2 de la république, est divisée en deux dép. On lui donne de surface 9805 kil. carr. ou 484 lieues carr., et une population de 230,500 habitans, qui, pour le plus grand nombre, sont vifs, spirituels et vindicatifs. C'est le père du premier Consul Bonaparte, qui y a introduit la culture des mûriers et l'éducation des vers à soie.

91. *Dép. du Golo*, à l'E. Il a pris son nom du fleuve qui l'arrose. On y recueille blé, orges, millet, olives, chataignes, et même de bon vin. Le chef-lieu est Bastia, à 124,4 myr. de Paris, port de mer, à l'E. dans la partie septentrionale. Cette ville est bien bâtie, et a un château fort. Pop. 10,997 individus.

La surface est de 5193 kil. carr. ou 256 lieues carr. Pop. 103,466 indiv. en 3 arr., dont les chefs-lieux sont *Bastia*, *Calvi*, *Corte*.

92. *Dép. de Liamone*, à l'O. Il a pris son nom de son principal fleuve. Le sol et les productions à-peu-près comme dans le précédent. Le chef-lieu est AJACCIO, *évêch.*, à 144.3 myr. de Paris, sur un petit golfe, avec un port sûr et commode. Pop. 6000 individus.

La surface est de 4612 kil. carr. en 228 lieues carr.; pop. 63,347 indiv. en 3 arr., dont les chef-lieux sont *Vico*, *Ajaccio*, *Saterne*.

N. B. *Il faut remonter vers le N. de la Carte jusqu'au 49e de latitude.*

93. *Dép. du Mont-Tonnerre.* Il a pris son nom d'une montagne qui en occupe à-peu-près le milieu. Le pays est fertile, produit surtout de bons vins. Chef-lieu, MAYENCE, *évêché*, à 154.8 myriam. de Paris, sur la rive gauche du *Rhin*, qui l'entoure en partie, en face de l'embouchure du *Mein*. Elle est mal bâtie et d'un aspect désagréable. Population 21,400 indiv.

La surface est de 5599 kil. carr. ou 277 lieues carr.; popul. 342,316 indiv., en 4 arr., dont les chefs-lieux sont *Mayence*, *Spire*, *Kaisesrslautern*, *Deux-Pont*.

94. *Dép. de la Sarre.* Il a pris son nom d'une rivière qui s'y rend dans la *Moselle*. Ce pays produit de bons vins, et renferme des mines de plomb, de cuivre, de charbon de terre. Le

chef-lieu

chef-lieu est TRÊVES, évêché, sur la *Moselle*, à 40.8 myriam. de Paris, remarquable sur-tout par le grand nombre de ses églises. On y voit des restes d'antiquités. Popul. 8312 habitans.

La surface est de 4935 kil. carr., ou 214 lieues carr.; pop. 219,049 individ., en 4 arrond., dont les chefs-lieux sont *Trêves*, *Sarrebrück*, *Prum*, *Birkenfeld*.

95. *Dép. de Rhin et Moselle.* Il est au N. des deux précédens, et donne à-peu-près les mêmes productions. Le pays est froid. Le chef-lieu est COBLENTZ, à 52 myriam. de Paris. Le nom de cette ville est une altération du latin *confluentia*; c'est-à-dire, confluent, parce que la *Moselle* s'y rend dans le *Rhin*: cette ville est assez jolie. En face, de l'autre côté du *Rhin*, est la forteresse de Ehrenbreistein, long-temps assiégée et enfin prise par les François, le 4 pluviôse de l'an 7 de la répub. Pop. 10,000 habit.

La surface est de 5884 kil. carr., ou 290 lieues carr.; pop. 203,290 indiv., en 3 arrond., dont les chefs-lieux sont *Coblentz*, *Bonn*, *Simmern*.

96. *Dép. de la Roër.* (Dans le pays on prononce *Roure*). Ce dép., qui a pris son nom d'une rivière qui l'arrose du N. au S. dans sa partie orientale, est fort étendu dans ce sens. On y trouve des mines de charbon de terre, des eaux thermales. Le chef-lieu est AIX-LA-CHAPELLE, évêché, qui n'est pas une belle ville,

à 44 9 myriam. de Paris. Sur le *Rhin*, est ville de Cologne, à l'E. Pop. 23,412 indiv.

La surface est de 5219 kil. carr., ou 259 lieues carr.; pop. 516,287 indiv., en 4 arrond., dont les chefs-lieux sont *Aix-la-Chapelle*, *Cologne*, *Crévelt*, *Clèves*.

97. *Dép. de l'Ourthe.* Il a pris son nom d'une rivière qui en arrose une partie en venant du S. au N. se rendre dans la *Meuse*. Ce pays renferme des mines de houille, des eaux minérales. Le chef-lieu est LIÈGE, *évêché*, sur la *Meuse*, à 40.3 myriam. de Paris; ville très-peuplée, mais pas belle. Pop. 50,000 habitans.

La surface est 4377 ½ kil. carr., ou 213 lieues carr.; pop. 313,876 indiv., en 3 arrond., dont les chefs-lieux sont *Liège*, *Malmédy*, *Huy*.

98. *Dép. de la Meuse-Inférieure.* Ce département est au N. du précédent. Le chef-lieu est MAESTRICHT, à 44 myriam. de Paris, ville assez bien bâtie, sur la *Meuse*. Pop. 19,963 individus.

La surface est de 3786 kil. carr., ou 190 lieues carr.; pop. 232,662 indiv., en 3 arrond., dont les chefs-lieux sont *Maestricht*, *Hasselt*, *Ruremonde*.

99. *Dép. des Deux-Nèthes.* Ce dép. a pris son nom de deux petites rivières qui viennent de l'E., se réunissent, et tombent dans l'*Escaut*. C'est le plus septentrional des départemens de la France. Le chef-lieu est ANVERS,

à 35.5 myr. de Paris, port assez considérable, sur l'*Escaut*, et ville passablement jolie. Population, 61,800 individus.

La surface est de 2853 kil. carr., ou 143 lieues carr.; pop. 249,376 indiv., en 3 arrond., dont les chefs-lieux sont *Anvers*, *Turnhout*, *Malines*, archevêché.

100. *Dép. de la Dyle.* Ce dép. a pris son nom de la *Dyle*, qui l'arrose du S. au N. dans sa partie orientale. Ce pays est beau et fertile. Le chef-lieu est BRUXELLES, sur la *Senne*, à 30.5 myriam. de Paris. C'est une ville considérable par sa population et son commerce. Population, 66297 individus.

La surface est de 3428 kil. carr., ou 184 lieues carr.; pop. 363,956 indiv., en 3 arrond., dont les chefs-lieux sont *Bruxelles*, *Louvain*, *Nivelles*.

101. *Dép. de l'Escaut.* Ce dép. tire son nom d'un fleuve qui le traverse de l'O. à l'E. C'est un pays fertile et bien cultivé. Le chef-lieu est GAND, *évêché*, sur un canal, à 31.6 myriam. de Paris. C'est une grande ville, mais qui n'est pas peuplée à proportion de son étendue. Population 56,000 individus.

La surface est de 3657 kilom. carrés, ou 185 lieues carrées; pop. 578,000 habitans, en 4 arrond., dont les chefs-lieux sont l'*Écluse*, *Gand*, *Dendermonde*, *Oudenarde*.

102. *Dép. de la Lys.* Il a pris son nom de la

rivière qui en arrose la partie du S. E. Il est bordé par la mer au N. O. Le chef-lieu est BRUGES, sur un canal, dans une belle plaine, à 36.7 myriam. de Paris. Pop. 33,700 individus.

La surface est de 3669 kil. carr., ou 207 lieues carr.; pop. 470,707 indiv., en 4 arrond., dont les chefs-lieux sont *Bruges*, *Furnes*, *Ypres*, *Courtray*.

Au S. E. de l'ancienne France, et au-delà des Alpes qui, jusqu'à présent, avoient été les limites entre cet Etat et l'Italie, on reconnoissoit, sous le nom de principauté de Piémont, un Etat, formant, avec la Savoie et l'île de Sardaigne, le *royaume de Sardaigne*. La Savoye, dès le commencement de la révolution, fut réunie à la France, et prit le nom de département du Mont-Blanc. Le Piémont a été réuni à la république depuis la paix d'Amiens, et se divise en six départemens, lesquels, ajoutés aux précédens, en portent le nombre à cent huit.

103. *Dép. de la Doire*. Ce dép. à pris son nom d'une rivière que l'on nomme Doire, ou *Doria*; il comprend l'ancien duché d'Aoste, et n'occupe presque que des vallées. Chef-lieu YVRÉE, *évêché*. Pop. 1300 indiv.

La surface est de 4742 ½ kilom. carrés, ou 242 lieues carr.; popul. 224,000 habitans, en 3 arrond., dont les chefs-lieux sont *Aoste*, *Yvrée*, *Chivas*.

104. *Dép. de Marengo*. Ce dép. tire son

nom d'un village devenu célèbre par la victoire que les Français y remportèrent sur les Autrichiens, le 25 Prairial de l'an 8. Il répond à l'ancien Montférat. Chef-lieu ALEXANDRIE, *évêché*. Pop. 32,225 indiv.

La surface renferme 3587 ½ kilom. carr., ou 182 lieues carr.; popul. 322,800 habitans, en 5 arr., dont les chefs-lieux sont *Casal*, *Vog-hère*, *Alexandrie*, *Tortone*, *Bobbio*.

105. *Dép. du Pô*. Ce dép. a pris son nom du principal fleuve de l'Italie; il commence au mont Viso, et coule à l'E. se rendre dans le golfe de Venise. Ce dép. comprend l'ancien Piémont propre. Chef-lieu TURIN, *archevêché*. Pop. 75,716 individus.

La surface est de 5220 kil. carr., ou 265 lieues carr.; pop. 395,000 habitans, en 3 arrond., dont les chefs-lieux sont *Turin*, *Suze*, *Pignerol*.

106. *Dép. de la Sésia*. Ce dép. répond à l'ancienne seigneurie de Verceil; il a pris son nom de la principale rivière. Chef-lieu VERCEIL, *évêché*, sur la *Sésia*. Pop. 18,624 indiv.

La surface est de 2881 ½ kilom. carrés, ou 146 lieues carrées; pop. 214,400 habitans, en 3 arrond., dont les chefs-lieux sont *Verceil*, *Bielle*, *Santhia*.

107. *Dép. de la Sture*, ou plutôt *Stoure*. Il répond à l'ancien marquisat de Saluces, etc. Chef-lieu CONI, *évêché*, sur la *Stoure*. Population, 16,500 individus.

La surface est de 7000 kil. carr., ou 354 lieues carr.; pop. 411,600 habitans, en 4 arrond., dont les chef-lieux sont *Saluces*, évêché, *Savigliano*, *Coni* et *Mondovi*.

108. *Dép. du Tanaro*. Ce départ. répond à l'ancienne province d'Acqui, etc. Le chef-lieu est ASTI, *évêché*, sur le Tanaro. Population, 21,225 individus.

La surface est de 3097 ½ kilom. carrés, ou 198 lieues carrées; pop. 311,400 habitans, en 3 arrond., dont les chefs-lieux sont *Asti*, *Alba*, *Acqui*, évêché.

De ce que l'on vient de dire, il résulte que les possessions de la France en Europe, sont de 762,625 kil. carr., ou 30,505 lieues carr., que la république française est divisée en 108 départemens, subdivisés en 438 arrondissemens, renfermant une population de 34,984,089 habitans.

N. B. A ces départemens renfermés tous, ou presque tous, dans les limites de la république, il faut joindre les possessions dans la presqu'île en deçà du Gange, savoir : CHANDERNAGOR, PONDICHÉRY, KALICUT et MAHÉ à l'O. dont on estime l'étendue 85,084 hectares. Dans la mer des Indes, l'ile de la RÉUNION (Bourbon), étendue 397,645 hectares, et la population 8900 habitans. L'ÎLE DE FRANCE, étendue 195,862 hectares, la population 92,000 habitans. — En Afrique, au SÉNÉGAL, et l'île de GORÉE, une étendue de terrein de 1,423,627

Nord
Midi
Est
ANGLETERRE
LA MANCHE
PAS DE CALAIS
OCÉAN
ESPAGNE
MER MÉDITERRANÉE
ALLEMAGNE
SUISSE
Cle DE SOUABE
DÉPar DE CORSE
Brest
Quimper
Vannes
Rennes
Laval
Nantes
Angers
Caen
St. Lo
Alençon
Rouen
Beauvais
Amiens
Arras
Laon
Versailles
Chartres
Melun
Troyes
Orléans
Blois
Tours
Bourges
Nevers
Auxerre
Dijon
Chaumont
Besançon
Vesoul
Nancy
Metz
Strasbourg
Colmar
Epinal
Poitiers
Niort
Limoges
Angoulême
Saintes
Périgueux
Tulles
Bordeaux
Agen
Cahors
Rhodez
Mende
Privas
Valence
Grenoble
Gap
Chambery
Lyon
Mâcon
Bourg
Moulins
Toulouse
Auch
Tarbes
Pau
Mont de Marsan
Perpignan
Carcassonne
Montpellier
Nismes
Avignon
Marseille
Digne
Nice
Genève
Lausanne
Fribourg
Soleure
Berne
Lucerne
Turin
Milan
Stutgard
I. Walcheren
Anvers
Bruxelles
Namur
Mons
Liege
Luxembourg
Treves
Chichester
Londres
Guilford
Colchester
Cantorbury
Douvres
I. Greneseÿ
I. de Jersey
Belle Isle
I. de Ré
I. d'Oleron
DÉPar DE LA SEINE INFÉRIEURE
DÉP. DE LA SOMME
DÉP. DE L'OISE
DÉPt DU CALVADOS
DÉP. DE L'AISNE
DÉP. DE LA MARNE
DÉP. DE LA MEUSE
DÉP. DE LA MOSELLE
DÉP. DU BAS RHIN
DÉP. DU HT RHIN
DÉP. DES VOSGES
DÉP. DE LA HTE SAONE
DÉP. DU DOUBS
DÉP. DU JURA
DÉP. DE LA CÔTE D'OR
DÉP. DE L'YONNE
DÉP. DE L'AUBE
DÉP. DE LA NIEVRE
DÉP. DU CHER
DÉP. DE L'INDRE
DÉP. DE L'ALLIER
DÉP. DE LA VIENNE
DÉP. DES DEUX SEVRES
DÉP. DE LA VENDÉE
DÉP. DE LA CHARENTE
DÉP. DE LA HAUTE VIENNE
DÉP. DE LA CORREZE
DÉP. DU PUY DE DOME
DÉP. DE LA DORDOGNE
DÉP. DE LA GIRONDE
DÉP. DU LOT
DÉP. DE L'AVEYRON
DÉP. DE LA LOZERE
DÉP. DE L'ARDÈCHE
DÉP. DE LA DROME
DÉP. DE L'ISERE
DÉP. DES HTES ALPES
DÉP. DES BASSES ALPES
DÉP. DU VAR
DÉP. DES BOUCHES DU RHONE
DÉP. DU GARD
DÉP. DE L'HÉRAULT
DÉP. DU TARN
DÉP. DE LA HAUTE GARONNE
DÉP. DU GERS
DÉP. DES LANDES
DÉP. DES BSES PYRÉNÉES
DÉP. DE L'AUDE
DÉP. DE L'ARRIEGE
DÉP. DES PYRÉNÉES ORIENT.
DÉP. DU MONT BLANC
DÉP. DE L'AIN
DÉP. DE SAONE ET LOIRE
DÉP. DE LA LOIRE
DÉP. DE LA HTE LOIRE
DÉP. DU RHONE
DÉP. DU FINISTERE
DÉP. DES CÔTES DU NORD
DÉP. DU MORBIHAN
DÉP. DE L'ILLE ET VILAINE
DÉP. DE LA MANCHE
DÉP. DE L'ORNE
DÉP. DE LA MAYENNE
DÉP. DE LA SARTE
DÉP. DE MAYENNE ET LOIRE
DÉP. DE LA LOIRE INFÉRIEURE
DÉP. D'INDRE ET LOIRE
DÉP. DE LOIR ET CHER
DÉP. D'EURE ET LOIR
DÉP. DU LOIRET
DÉP. DE L'EURE
DÉP. DE SEINE ET OISE
DÉP. DE SEINE ET MARNE
DÉP. DU PAS DE CALAIS
DÉP. DU NORD
DÉP. DE JEMMAPE
DÉP. DE LA LYS
DÉP. DE L'ESCAUT
DÉP. DES DEUX NETHES
DÉP. DE LA DYLE
DÉP. DE SAMBRE ET MEUSE
DÉP. DE L'OURT
DÉP. DE LA ROER
DÉP. DES FORÊTS
DÉP. DU MONT TONNERRE
DÉP. DE LA SARRE
DÉP. DES ARDENNES
DÉP. DU LÉMAN
DÉP. DES ALPES MARITIMES
RÉPUBLIQUE LIGURIENNE
DÉP. DE LA STURA
DÉP. DU PO
DÉP. DE MARENGO
DÉP. DE LA SESIA
DÉP. DE LA DOIRE
DÉP. DU GOLO
DÉP. DU LIAMONE
Ajaccio
Bastia
St. Aubin sculpsit.

hectares, avec une population d'environ 1000 habitans. — En Amérique, la GUYANNE Française, une étendue de 9,661,885 hectares, et une population de 14,000 personnes. Entre les îles de l'Amérique, la MARTINIQUE, ayant de surface 127,280 hectares, et une population de 11,000 habitans. La GUADELOUPE, ayant de surface 204,085 hectares, et une population de 159,520 personnes. L'île de St.-DOMINGUE, divisée en quatre départemens, du *Nord*, de *Samana*, de l'*Inganne*, de l'*Ouest* et du *Sud*, ayant de surface 7,404,288 hectares, et une population de 575,089 habitans, avant les derniers événemens.

LISTE

Des ARCHEVÊCHÉS, *et des* Évêchés *qui en relèvent.*

1°. PARIS, archevêché; *suffragans*, Troye, Amiens, Soissons, Arras, Cambray, Versailles, Meaux, Orléans.

2°. MALINES, archev.; *suffr.*, Namur, Tournay, Aix-la-Chapelle, Trèves, Gand, Liège, Mayence.

3°. BESANÇON, archev.; *suffr.*, Autun, Metz, Strasbourg, Nancy, Dijon.

4°. LYON, archev.; *suffr.*, Mende, Grenoble, Valence, Chambéry.

5°. AIX, archev.; *suffr.*, Nice, Avignon, Ajaccio, Digne.

6°. TOULOUSE, archev.; *suffr.*, Cahors, Montpellier, Carcassonne, Agen, Bayonne.

7°. BORDEAUX, archev.; *suffr.*, Poitiers, La Rochelle, Angoulême.

8°. BOURGES, archev.; *suffr.*, Clermont, Saint-Flour, Limoges.

9°. TOURS, archev.; *suffr.*, le Mans, Angers, Nantes, Rennes, Vannes, Saint-Brieuc, Quimper.

10°. ROUEN, archevêché; *suffr.*, Coutances, Bayeux, Séez, Evreux.

11°. TURIN, archev.; *suffr.*, Saluces, Acqui, Coni, Asti, Alexandrie, Verceil, Yvrée.

ARTICLE IX.

RAPPROCHEMENT entre les anciennes divisions de la France par GOUVERNEMENS et la division par DÉPARTEMENS.

LA France étoit divisée en 32 grands gouvernemens, qui, la plupart, renfermoient plusieurs provinces.

De ces gouvernemens, 8 au *Nord*.... La Flandre française,.. l'Artois,.. la Picardie,.. la Normandie,.. l'Ile de France,.. la Champagne,.. la Lorraine... et l'Alsace. — 13 au *milieu*... La Bretagne,.. le Maine,.. l'Anjou,.. la Touraine,.. l'Orléanois,.. le Berry,.. le

Nivernois,.. la Bourgogne,.. la Franche-Comté,.. le Poitou,.. l'Aunis,.. la Marche... et le Bourbonnois. — 11 au *Midi*... La Saintonge... et l'Angoumois,.. le Limousin,.. l'Auvergne,.. le Lyonnois,.. le Dauphiné,.. la Guyenne,.. le Béarn,.. le Comté de Foix,.. le Roussillon,.. le Languedoc... et la Provence.

La Flandre française répond au dép. du *Nord*.

L'Artois... et la Basse-Picardie... au dép. du *Pas-de-Calais*.

La Picardie haute... aux dép. de la *Somme* et de l'*Ain*.

La Normandie... aux dép. de la *Seine-Inférieure*,.. de l'*Eure*,.. du *Calvados*,.. de la *Manche*.

L'Ile de France... aux dép. de l'*Oise*,.. de *Seine et Oise*,.. de la *Seine*... et de *Seine et Marne*.

La Champagne... aux dép. des *Ardennes*,... de la *Marne*, de l'*Aube*... et de la *Haute-Marne*.

La Lorraine... aux dép. de la *Meuse*,.. de la *Moselle*,.. de la *Meurthe*... et des *Vosges*.

L'Alsace... aux dép. du *Haut-Rhin*... et du *Bas-Rhin*.

La Bretagne... aux dép. d'*Ille et Villaine*,.. des *Côtes-du-Nord*,.. du *Finistère*,.. du *Morbihan*,.. de la *Loire-Inférieure*.

Le Maine... aux dép. de la *Sarthe*,.. de la

Mayenne, .. de l'*Orne*, qui tient un peu de la Normandie.

L'Anjou... aux dép. de *Mayenne* et *Loire*.

La Touraine... aux dép. d'*Indre* et *Loire*.

L'Orléanois... aux dép. du *Loiret*, .. d'*Eure et Loire*... et de *Loire et Cher*.

Le Berry... aux dép. du *Cher*... et de l'*Indre*.

Le Nivernois... au dép. de la *Nièvre*.

La Bourgogne... aux dép. de l'*Yonne*, .. de la *Côte d'Or*, .. de *Saône et Loire*, .. et de *l'Ain*.

La Franche-Comté... aux dép. de *Haute-Saône*, du *Doubs*, ... et du *Jura*.

Le Poitou... aux dép. de la *Vienne*, .. des *Deux-Sèvres*, .. et de la *Vendée*.

L'Aunis... au dép. de la *Charente-Inférieure*.

La Marche... au dép. de la *Creuse*,

Le Bourbonnois... au dép. de l'*Allier*.

La Saintonge et l'Angoumois... en partie, .. le dép. de la *Charente-Inférieure*... le dép. de la *Charente*.

Le Limousin... aux dép. de la *Haute-Vienne*, et de la *Corrèze*.

L'Auvergne... aux dép. du *Cantal*, .. du *Puy-de-Dôme*.

Le Lyonnois... aux dép. du *Rhône*, .. et de la Loire.

Le Dauphiné... aux dép. de l'*Isère*, de la *Drôme* et des *Hautes-Alpes*.

La Guyenne la Gascogne... aux départ. de la

Gironde, . . de la *Dordogne*, . . de *Lot et Garonne*, . . du *Lot*, . . de l'*Aveyron*, . . des *Landes*, . . du *Gers*, . . des *Hautes-Pyrénées*.

Le Béarn. . . au dép. des *Basses-Pyrénées*.

Le comté de Foix. . . au dép. de l'*Arriège*.

Le Roussillon. . . au dép. des *Pyrénées-Orient*.

Le Languedoc. . . aux dép. de la *Haute-Garonne*, . . du *Tarn*, . . de l'*Aude*, . . de l'*Hérault*, . . du *Gard*, . . de la *Lozère*, . . de l'*Ardèche*, . . et de la *Haute-Loire*.

Le comtat Vénaissin et la principauté d'Orange, . . au dép. de *Vaucluse*.

La Provence. . . aux dép. des *Bouches-du-Rhône*, . . des *Basses-Alpes*, . . et du *Var*.

Les autres départemens de la république se sont formés de pays qui n'étoient pas compris dans le royaume de France.

Celui du *Mont-Blanc*. . . portoit le nom de Savoye.

Celui de *Mont-Terrible*. . . étoit le pays de l'évêque de Porentrui ; il a été supprimé et réuni à celui du Haut-Rhin.

Ceux de la *Lys*, . . l'*Escaut*, . . *Gemmapes*, . ., des *Deux-Netthes*, . . de la *Dyle*, . . de *Sambre et Meuse*, . . et des *Forêts*, . . formoient les Pays-Bas autrichiens, appelés aussi Belgique.

Ceux de la *Meuse-Inférieure*. . . et de l'*Ourthe*, formoient l'évêché de Liége.

Ceux de la *Roër*, .. de *Rhin et Moselle*, .. de la *Sarre*... et du *Mont-Tonnerre*... formoient les trois archevêchés de Cologne, Mayence et Trêves, avec le duché des Deux-Ponts.

Ceux de la *Doire*, .. de *Marengo*, .. du *Pô*, .. de la *Sesia*, .. de la *Sture*... du *Tanaro*, .. étoient compris dans le Piémont, en Italie.

ARTICLE X.

CARTE HUITIÈME.

Cette huitième Carte représente quelques pays compris entre les quatrième et cinquième cercles.

Nous venons de voir toutes les divisions intérieures du territoire de la république française. Mais nous avons déjà vu plus haut, qu'il y a presque un tiers de la surface du globe terrestre, couvert de terres habitées ou habitables; il faut donc que nous arrivions à en prendre, au moins, une légère connoissance. Pour y réussir, prenons la carte VIII, qui a pour titre : *Europe*. Voyons ce que signifie ce nom.

Les terres qui sont visibles à la surface du globe sont, en beaucoup d'endroits, séparées entre elles par des mers; cela a donné lieu à la division de la surface de la terre en quatre parties. L'une d'elles se nomme *Europe*; et c'est dans celle-là qu'est la France. Elle est divisée en plusieurs Etats, ainsi qu'on le voit sur la carte VIII.

Nous sommes partis du centre de la France, pour arriver à la connoissance de tous les départemens; nous allons actuellement partir de la France entière, pour traiter des pays qui l'environnent; et de proche en proche, arriver ainsi jusqu'aux bornes même de l'Europe.

Au Nord.

PAS-DE-CALAIS. Nous voyons d'abord au Nord de la France, que la partie de mer qui s'y trouve, et qui porte le nom de *Pas-de-Calais*, n'est qu'un intervalle de sept à huit lieues, au-delà duquel est le royaume d'Angleterre.

Le pays que l'on nommoit *Belgique*, forme aujourd'hui sept départemens; nous les avons vus sous les noms de la Lys, l'Escaut, les Deux-Nèthes, Jemmapes, la Dyle, Sambre et Meuse, des Forêts.

PROVINCES-UNIES. Au-delà de la Belgique, est un pays partagé long-temps en sept provinces principales. On les comprenoit toutes ensemble sous le nom de *Provinces-Unies*; c'est actuellement *république Batave*, divisée en huit départ., savoir, ceux de *Groningue*, *Frise*, *Over-Yssel*, *Gueldres*, *Utrecht*, *Hollande*, *Brabant*, *Zélande*. La Hollande est le plus considérable par son étendue et ses richesses;

et la principale ville de cette province est *Amsterdam* (1), où les vaisseaux arrivent en quittant la mer, pour entrer dans une espèce de grand golfe, que l'on nomme *Zuydersée*.

Au N. E. à l'E. et au S. E.

Allemagne. L'Allemagne est un fort grand pays qui renferme beaucoup d'États, dont quelques-uns seulement se gouvernent eux-mêmes, comme la France et les Provinces-Unies. Presque tous ont, à la tête de l'État, un seul homme qui en prend le titre de souverain. Dans un pays c'est un Duc; dans un autre, c'est un comte : on dit aussi Graff, Margraff, Landgraff; mais, de tous les titres de souverain, ceux qui indiquent de plus grands États, une puissance plus grande, ce sont ceux de *Roi* et d'*Empereur*. Tous les princes d'Allemagne, entre lesquels on compte quelques Rois, ont à leur tête un souverain que l'on nomme *Empereur*. C'est parce que sa famille possède depuis long-temps un petit pays appelé l'*Autriche*, que l'on dit, en parlant de cette famille, la *Maison d'Autriche*. La Westphalie, les cercles du Haut et Bas-Rhin, la Souabe, la Franconie, la Bavière, l'Autriche, etc., sont autant de pays compris dans

---

(1) Amsterdam, longitude or. 2° 31′ 30″; latitude 52° 21′ 56″.

l'Allemagne; mais qui ont éprouvé des changemens, qu'il n'est guères possible de faire connoître ici. On trouve même au centre, à-peu-près, un petit royaume que l'on nomme la Bohême. Les villes de *Vienne* (1), de *Berlin* (2), de *Dresde* (3) et de *Francfort* (4), sont les villes les plus considérables de l'Allemagne. Un des souverains de l'Allemagne, l'électeur de Saxe, possède au S. la Lusace, petit pays, où les paysans gémissent dans la servitude, et où les nobles sont seuls consultés sur les loix à suivre dans le pays.

L'Allemagne se divise, comme pays, en neuf cercles; comme formant un corps politique, sous le nom de Corps-Germanique, en principautés ecclésiastiques, laïques, et en villes impériales : les principaux souverains sont, l'Empereur et les Electeurs de Ratisbonne, de Saxe, de Brandebourg, de Bavière, de Hanovre, de Bohême, de Bade, de Wurtemberg, de Cassel.

SUISSE. Au-delà des départ. du Jura et du Doubs, il y a un pays que l'on nomme la *Suisse*. On s'y gouverne en république; c'est un pays libre qui ne reconnoît de souverain que les loix. Il étoit divisé en treize parties principales, que l'on

---

(1) Vienne, longitude or. 14° 1' 30"; latitude 48° 12' 36".

(2) Berlin, longit. or. 11° 2' 0"; lat. 52° 31' 30".

(3) Dresde, longit. or. 11° 21' 39"; lat. 51° 2' 5".

(4) Francfort, longit. or.

nommoit les *Treize-Cantons ;* c'est-à-présent la république *Helvétique.* Au midi et au S. E. de la Suisse, sont les plus hautes montagnes de l'Europe. Elles forment, avec celles dont nous avons parlé (page 56), un massif très-considérable, sous le nom de *Montagnes des Alpes.* Le Rhin y prend sa source et remonte au nord, en côtoyant la France; il se rend à la mer, après avoir traversé la république Batave.

La république Helvétique est actuellement divisée en dix-neuf cantons; ceux de Schafhouse, .. Zurich, .. Thurgovie, .. Argovie, .. Bâle, .. Soleure, .. Berne, .. Fribourg, .. Vaud, .. Lucerne, .. Underwald, .. Zug, .. Schwitz, .. Uri, .. Glaris, .. St.-Gal, .. Appenzel, .. des Grisons. .. et du Tessin.

ITALIE. Au-delà des Hautes et Basses-Alpes, est le pays que l'on nomme Piémont, comme qui diroit, *pays aux pieds des montagnes.* Ce pays avoit un souverain qui prenoit le titre de roi de Sardaigne. C'est qu'en effet la Sardaigne lui appartient. C'est une île qui se trouve au S. dans la Méditerranée. On lui a donné le titre de royaume; mais le Piémont en Italie est actuellement à la France. (*Voyez* page 76).

L'Italie a la forme d'une botte, et se trouve ainsi presque toute environnée de mer. Elle renferme les anciens États du roi de Sardaigne (c'est-à-dire, le dép. du Mont-Blanc, et les six de l'ancien Piémont), la république Cisalpine, le royaume d'Étrurie, la république de Ligurie, l'État de l'Église qui est au Pape, le royaume de Naples, et presque toute l'ancienne république de Venise qui est passée à l'Autriche. Les villes les plus considérables de l'Italie sont *Turin* (1), *Gênes* (2), *Milan* (3), *Venise* (4), *Rome* (5), *Naples* (6), et sont les chefs-lieux, ou, comme on dit hors de la France, les capitales d'autant d'États différens. A l'extrêmité de l'Italie, est une grande île que l'on nomme la *Sicile*, dans laquelle est une haute montagne qui jette continuellement des flammes. On la nomme Gibel, autrefois *Ætna*. Cette montagne n'est pas la seule de ce genre : on les désigne par le nom de *Volcans*.

Au S. est *Malthe*, île très-fortifiée ; ce n'est presque qu'un rocher.

ESPAGNE. PORTUGAL. Au S. O. de la France, au-delà des Monts-Pyrénées, il y a une grande presqu'île, qui renferme deux royaumes. Le plus grand porte le nom d'*Espagne* ; il est riche et peuplé ; la capitale est *Madrid* (7), et la ville

---

(1) Turin. or. 5° 29′ 0″. — 45° 4′ 19″.
(2) Gênes. or. 6° 36′ 37″. — 44° 25′ 0″.
(3) Milan. or. 6° 51′ 45″. — 45° 27′ 57″.
(4) Venise. or. 10° 21′ 45″. — 45° 27′ 20″.
(5) Rome. or. 10° 7′ 30″. — 41° 53′ 54″.
(6) Naples. or. 11° 57′ 30″. — 40° 50′ 15″.
(7) Madrid, oc. 6° 2′ 20″. — 40° 25′ 18″.

la plus commerçante est *Cadix* au S. L'autre royaume s'étend du S. au N. à l'O. de l'Espagne, et n'est ni aussi grand, ni aussi peuplé; c'est le *Portugal*, dont la cap. est *Lisbonne* (1), port de mer à l'embouchure d'une rivière qui commence en Espagne, et que l'on nomme le *Tage*.

Au N. de l'Europe.

ANGLETERRE. Au N. du Pas-de-Calais et de la Manche, sont deux îles, dont une, et c'est la plus grande, porte le nom d'Angleterre, l'autre celui d'Irlande. Ces deux îles, avec plusieurs autres plus petites, forment l'État que l'on nomme *royaume d'Angleterre*. La partie septentrionale de la plus grande de ces îles, porte le nom d'*Écosse*. La capitale de l'Angleterre est *Londres* (2), grande et belle ville sur la *Tamise*. La capitale de l'Écosse, est *Edimbourg* (3); celle de l'Irlande est *Dublin* (4).

DANEMARCK. Au nord de l'Allemagne on trouve une presqu'île, et quelques îles. Elles sont la partie la plus importante d'un petit royaume que l'on nomme *Danemarck*. C'est

---

(1) Lisbonne, longit. oc. 11° 26' 40". latit. 33° 42' 20".

(2) Londres. oc. 2° 25' 47". — 51° 30' 49".

(3) Edimbourg. oc. 5° 30' 30". — 55° 57' 57".

(4) Dublin. oc. 8° 39' 0". — 53° 21' 11".

dans une de ces îles qu'est à l'E. la capitale nommée *Copenhague* (1), port de mer. Au nord, au-delà de la mer, est un pays nommé *Norwège*, qui fait partie du royaume de Danemarck et dont la capitale est *Christiania*, aussi bien qu'une île éloignée vers le N. O., et que l'on nomme *Islande* : la capitale est *Skalholt*. Il y a dans cette île plusieurs volcans : le plus considérable est appelé *Mont-Hécla*.

SUÈDE ET MER-BALTIQUE. On voit qu'il est possible de tourner autour de la partie du Danemarck qui tient à l'Allemagne, en allant par mer. Le passage qui est entre les îles et la terre à l'E., se nomme le *Sund*, et la mer dans laquelle on entre ensuite, se nomme *Mer Baltique*. Elle s'étend du S. au N. Les terres qui sont à l'Ouest et au Nord de cette mer, forment le royaume de *Suède*, où il y a beaucoup de montagnes, avec des bois propres à la construction des vaisseaux, renfermant des mines de fer et de cuivre très-abondantes. La capitale est *Stockolm* (2).

RUSSIE. Le vaste pays qui est à l'E. de cette mer, se nomme *Russie Européenne*, ou Russie d'Europe. Dans ce pays, les habitans des campagnes et la plupart des domestiques, sont des espèces d'esclaves qui n'ont pas la liberté

---

(1) Copenhague. Long. or. 10° 15' 30'' : lat. 55° 41' 4''.
(2) Stockolm. or. 15° 43' 45''. — 59° 20' 31''.

de leurs personnes, ni d'aucune propriété. On les vend avec la terre, comme on vend une ferme avec les bestiaux qui y sont nourris. Ce pays n'est pas peuplé à proportion de son étendue. Le souverain porte le titre d'Empereur; et, si c'est une femme, celui d'Impératrice. La capitale se nomme *Pétersbourg* (1); c'est une grande et belle ville, mais l'hiver y est bien long, et le froid y est bien rigoureux.

POLOGNE ET PRUSSE. Au S. E. de la mer Baltique, se trouve, 1°. la *Prusse*, petit pays avec le titre de royaume; dont la capitale est *Kœnisberg* (2); 2°. au S. de la Prusse, le vaste pays que l'on nomme *Pologne* et qui est très-fertile en blé. Ce pays est actuellement partagé entre trois grandes puissances, la Russie, la Prusse et l'Autriche. La capitale étoit *Warsovie* (3).

HONGRIE. Au S. de la Pologne est un pays montagneux, riche en mines, produisant l'excellent vin de Tokai, c'est la Hongrie : elle appartient à la maison d'Autriche : la capitale est *Bude* (4), sur le Danube. Ce fleuve dont on peut aisément suivre le cours sur la carte, commence en Allemagne au N. E. de

---

(1) Pétersbourg. or. 27° 59′ 0″. — 59° 56′ 23″.
(2) Kœnisberg, non encore bien observée.
(3) Warsovie. or. 18°. 40′ 30″. — 52° 14′ 28″.
(4) Bude. or. 16° 41′ 45″. — 47° 29′ 44″.

la Suisse, coule à l'E. et va se rendre dans la mer Noire.

MER NOIRE ET CRIMÉE. On nomme *mer Noire*, une très-grande étendue de mer qui se trouve à l'E. d'une partie considérable de l'Europe. On y remarque à la partie septentrionale une grande presqu'île qui se nomme *Crimée*. Elle appartient actuellement à la Russie, qui s'étend depuis la mer Glaciale jusqu'à la mer Noire, dans une étendue de près de 500 lieues. Il fait assez chaud sur les bords de cette dernière mer.

TURQUIE D'EUROPE. Le pays compris entre la mer Noire et le golfe de Venise, porte le nom de Turquie. On le distingue par le surnom d'*Européenne*, et l'on dit la *Turquie Européenne* ou la Turquie d'Europe, pour la distinguer d'une autre partie de ce même empire, que l'on nomme Turquie d'Asie. Les habitans de ce pays sont à-peu-près aussi des esclaves. Le souverain y prend le titre de Sultan : nous lui donnons celui d'empereur. Les habitans y parlent une Langue et ont une écriture tout-à-fait différente de toutes celles de l'Europe. Ils sont vêtus de longues robes, n'ont pas de cheveux, mais de grosses coëffures qui leur couvrent la tête. Les habillemens de ce genre, sont désignés généralement par le nom d'habits orientaux. Nous appelons *Turcs* les habitans de ce pays; ce nom est chez eux une injure, il faut dire *Osmanlis;* ils s'en sont emparés il y a environ 600 ans. Les peuples qui en étoient les maîtres avant eux se nommoient les Grecs : la capitale est *Constantinople* (1), port de mer superbe et parfaitement bien situé. Le gouvernement y est despotique.

MÉDITERRANÉE. *Détroit de Gibraltar.* On nomme mer *Méditerranée*, c'est-à-dire, qui est au milieu des terres, la portion de mer qui est au S. de l'Europe et au N. de l'Afrique. A l'O. elle communique avec une mer bien plus grande, que l'on nomme *Océan;* on en parlera bientôt. La partie resserrée entre les terres, par laquelle ces deux mers communiquent entre elles, se nomme *Détroit de Gilbraltar* (2); il est au midi de l'Espagne.

ILES DE LA MÉDITERRANÉE. Les îles que l'on trouve dans la Méditerranée, sont, en allant de l'O. à l'E., les îles de *Majorque* et *Minorque*, qui appartiennent à l'Espagne; l'île de *Sardaigne*, dont on a déjà parlé, et qui est restée à son ancien souverain; mais l'île de *Corse*, au N. de la Sardaigne, est à la France. La *Sicile*, qui est du royaume de Naples, et au S. l'île de *Malte*, dont on a déjà parlé. A l'E. de l'Italie, *Corfou*, *Céfalonique*, etc. Plus à l'E. les îles

---

(1) Constantinople. or. 26° 35′ 0″. — 41° 1′ 27″.

(2) A Gilbraltar, la pointe appelée d'Europe, 7° 39′ 46″. — 36° 6′ 30″.

Longitude du Méridien de l'Isle de Fer.
EUROPE
OCEAN ATLANTIQUE
ISLES BRITANNIQUES
ISLANDE
SUEDE
RUSSIE D'EUROPE
ASIE
PRUSSE
ALLEMAGNE
FRANCE
ESPAGNE
HONGRIE
TURQUIE
MER NOIRE
AFRIQUE
MER MEDITERRANÉE
Paris
Londres
Vienne
Madrid
Moscou
Longitude du Méridien de Paris.

A

46. — 36

e *Cythère* (ces trois îles forment une république sous le titre de République des Sept îles), et celle de *Crète* au S.; les îles que l'on nomme de l'*Archipel*, au N. de Crète; l'île de *Rhode*, enfin celle de *Chipre* tout-à-fait à l'E.

ARTICLE XI.

CARTE NEUVIÈME.

ASIE.

Pour ne pas multiplier les cartes, qui augmenteroient nécessairement le prix de l'ouvrage, sans ajouter beaucoup à son utilité, je passe dans cet article au développement de la Mappemonde; j'y trouve l'Asie, l'Afrique et les deux Amériques, dont je donne une description suffisante pour les commençans. J'explique ensuite les cercles tracés sur la Mappemonde.

Nous n'avions vu d'abord qu'un point de la terre habitée, celui où se trouve la commune de Bourges. De cette commune, nous avons étendu, de proche en proche, nos études à tous les départemens de la république française. Au moyen de la carte d'Europe (n°. VIII), nous avons vu quels sont les États les plus voisins de la France, et quels sont ceux qui en sont le plus éloignés. Nous passons actuellement à la description de la partie de la terre qui touche à l'Europe.

ASIE. La carte neuvième n'est pas construite comme les précédentes : elle offre des cercles qui représentent ensemble le tour entier du globe terrestre. Je n'en donnerai pas en ce moment une explication qui nous éloigneroit de notre plan. Plaçons-nous seulement à Constantinople, et voyons quelles terres se trouvent à l'E. Elles n'en sont séparées que par un étroit canal, ou détroit, que l'on nomme *Détroit de Constantinople*. Toute l'étendue de terre que nous voyons à l'E., et que l'on a enluminée d'une couleur différente de l'Europe, porte le nom d'*Asie*. Elle s'étend à plus de 2000 lieues vers l'E. C'est ce que l'on nomme une des *quatre* parties du Monde. Ainsi nous en connoissons déjà deux, l'*Europe* et l'*Asie*. Voyons quels sont les grands États que renferme l'Asie.

TURQUIE D'ASIE. Nous avons vu, sur la carte d'Europe, la Turquie Européenne. Nous retrouvons, sur la carte d'Asie, la *Turquie Asiatique*. C'est que les pays qui forment ce qu'on nomme l'empire Turc, ou mieux encore l'empire Ottoman (du nom de son fondateur), font aussi partie de l'Asie. Au reste, je conviens que cette distinction, entre les terres que l'on donne à l'Asie, est arbitraire. Mais c'est une convention bien ancienne : elle est restée en usage : nous devons nous y conformer.

La Turquie d'Asie est un vaste pays montagneux en beaucoup d'endroits, fertile en beaucoup

beaucoup d'autres, et qui seroit très-riche et très-peuplé, si le peuple n'y étoit pas vexé par les mauvaises dispositions du gouvernement. C'est dans la Turquie d'Asie que se trouvent *Smyrne* (1), ville très-commerçante, et port sur la Méditerranée; *Jérusalem* (2), ville célèbre, dans les livres des Juifs et des Chrétiens, *Bagdad* (3), ville considérable et de commerce près du *Tigre*, et *Bassora* près l'embouchure de ce fleuve dans le golfe Persique.

Golfe Persique, *Mer Rouge*. ARABIE. Ce golfe est une portion d'eau qui se trouve à l'E. de l'Arabie. La portion d'eau qui est à l'O. se nomme *Mer Rouge*. Quant à l'Arabie, c'est un pays, en général fort sec, dans lequel il se trouve de grandes familles, qui n'habitent jamais dans les villes; ils ont des tentes, espèces de cabanes de toiles ou de peaux de chameaux cousues ensemble, et ils les placent et déplacent à volonté. On les nomme Arabes du désert et Bédouins. Ceux qui sont dans les villes se nomment simplement Arabes, c'est-à-dire, habitans naturels de l'Arabie. Il y a plus de mille ans (4), qu'un homme de cette nation, né à la *Mecque*, et nommé Mahomet, osa dire

---

(1) Smyrne. Long. or. 24° 46′ 33″; lat. 38° 28′ 7″.
(2) Jérusalem. or. 33° 0′ 0″. — 31° 46′ 34″.
(3) Bagdad. or. 42° 4′ 30″. — 33° 19′ 40″.
(4) En 622 de l'ère vulgaire.

que Dieu l'avoit envoyé pour établir une nouvelle religion. De ce qu'il avoit l'impudence de dire que Dieu, c'est-à-dire l'auteur de l'univers, lui avoit parlé, il est raisonnable de dire que c'est un imposteur; mais le peuple ignorant le crut, et sa religion nouvelle s'établit. On la nomme la religion Mahométane. C'est celle des Turcs, des Arabes, des Persans et des Mogols. Je parlerai bientôt de ces deux peuples. La ville de l'Arabie la plus connue en Europe, est *Moka* (1), d'où l'on tire le meilleur café.

Perse. Le pays situé au N. du golfe Persique, se nomme la *Perse*. Il est en général sec et peu fertile. Le peuple y est depuis long-temps victime de la férocité de quelques usurpateurs qui prétendent s'y faire reconnoître souverains. La capitale se nomme *Ispahan* (2).

Mer Caspienne. Au N. de la Perse, est une vaste étendue d'eau, que l'on nomme *mer Caspienne*. Elle a cela de particulier, qu'elle ne communique avec aucune autre mer. C'est ce qui a fait quelquefois dire que c'est un grand lac; car il est d'usage de nommer *lac*, une portion d'eau, placée au milieu des terres. Mais presque tous les lacs sont d'eau douce, au lieu que la mer Caspienne est d'eau salée, comme celle de toutes les mers.

---

(1) Moka. Long. or. 40° 50′ 30″; lat. 1° 16′ 0″.
(2) Ispahan. or. 49° 50′ 0″. — 32° 24′ 34″

Une partie considérable de la Perse à l'E. est nommée *État des Afghâns.*

INDES. On appelle *Indes* tous le pays compris entre la Perse, à l'O., et la Chine que nous trouverons à l'E. Il s'avance au S., et forme deux presqu'îles. La portion de mer qui est entre ces deux presqu'îles, se nomme *Golfe de Bengale*, et l'un des fleuves qui s'y jettent au N., se nomme le *Gange*. De-là s'est introduit l'usage d'appeler la presqu'île occidentale de l'Inde, *presqu'île en deçà du Gange ;* et la presqu'île orientale, *presqu'île au-delà du Gange.* C'est sur la presqu'île en deçà du Gange, que les nations d'Europe, tels que les Anglais, les Français, les Hollandais, les Danois, les Portugais, ont des établissemens. Les Anglais y sont les plus puissans, et dominent sur-tout dans le pays que l'on nomme *Bengale*. Les autres nations n'y ont que des établissemens de commerce. Celui des Français se nomme *Pondichéry* (1). On en retire des mousselines, et beaucoup de toiles de coton, des étoffes de soie, etc. C'est dans la presqu'île au-delà du Gange qu'étoient les royaumes de Pégu et d'Ava, formant aujourd'hui l'empire des Birmans, le royaume de Siam, et la presqu'île de Malaca.

Les îles qui sont au S. E. de la presqu'île orientale, sont aux Hollandais qui y ont de

---

(1) Pondichéry. Long. or. 77° 31' 30"; lat. 11° 55' 41".

grands établissemens. Le chef-lieu est *Batavia* (1) : ils en apportent pour l'Europe des épiceries, telles que la canelle, la muscade, le poivre et le girofle, qui croissent particulièrement dans les îles appelées *Moluques*, situées plus à l'E. Mais depuis quelque temps les Français sont parvenus à cultiver ces productions dans un pays aussi chaud, et qui leur appartient. J'en parlerai dans peu.

CHINE. A l'E. de l'Inde, est un vaste pays que l'on nomme la *Chine*, et dont les habitans sont nommés Chinois. Leurs traits sont, en général, très-différens des nôtres, car ils ont le visage plat, le teint olivâtre et les yeux longs, relevés sur les côtés, et peu ouverts. Ils sortent peu de leur pays, n'y admettent que rarement des étrangers. Au reste ils ont des loix fort sages; leur pays est très-peuplé. Au lieu de pain, comme chez nous, ils mangent du riz cuit à l'eau; et c'est la même chose dans l'Inde. La capitale de leur état, qui prend le titre d'empire, est *Pékin* (2), ville très-considérable où réside l'empereur. Le port où se rendent les nations d'Europe qui commercent avec la Chine, est dans une petite île au S., nommée *Macao*. Le port Chinois le plus commerçant au S., se

---

(1) Batavia. Long. or. 104° 33′ 46″; lat. 6° 12′ 0″ au Sud.

(2) Pékin. or. 114° 7′ 50″. — 39° 54′ 13″.

nomme *Canton* (1) : *Nankin* (2) est un port sur la rive orientale.

Mais l'empire de la Chine s'étend à l'O. sur une partie de la Tartarie, ou plutôt *Tatarie*, aussi bien que sur le Thibet, pays fort élevé et un peu froid : c'est là qu'est le grand Lama, chef d'une religion fort répandue en Asie.

TARTARIE, ou mieux TATARIE. Tout le pays qui est au N. de la Perse, de l'Inde, et de la Chine, se nomme *Tatarie;* la plupart des habitans sont aussi de figures différentes des Européens, sans cependant ressembler aux Chinois; il y a même quelques nations Tatares, dont le nez est très-applati, et les traits extrêmement difformes : ce sont les *Kalmouks*.

Toute la partie septentrionale de la Tatarie est gouvernée par le souverain de la Russie; de-là, l'usage s'est introduit de dire la *Tatarie Russe*. La partie de cette Tatarie qui est la plus connue, est la *Sibérie*, pays froid, inculte, et rempli de bois; la capitale est *Tobolsk* (3). La Russie tire un grand parti des mines de ce pays. Des caravanes, ou compagnies nombreuses de commerçans, le traversent pour aller faire le commerce sur les frontières

---

(1) Canton. Long. or. 110° 42' 30"; lat. 32° 8' 9".
(2) Nankin. or. 116° 37' 0". — 32° 4' 40".
(3) Tobolsk. or. 66° 5' 0". — 58° 22' 3".

de la Chine, où l'on achète, entre autre choses, du thé, de la rhubarbe. C'est en Sibérie, et même plus loin à l'E., que le gouvernement Russe envoie ceux que l'on a condamnés à l'exil.

LE JAPON. On nomme *Japon*, des îles qui sont à l'E. de la Tatarie appelée *Chinoise*, parce qu'elle fait partie de l'Empire Chinois. Le Japon comprend plusieurs îles, produit de l'or, et le plus beau cuivre que l'on connoisse. Les Hollandais sont la seule nation d'Europe, à qui les Japonais permettent de faire chez eux le commerce. Capitale *Yédo*, ou *Jédo* (1). Il y a deux souverains au Japon; l'un sous le nom de *Daïri*, n'a de pouvoir que sur ce qui a trait à la religion; l'autre, appelé *Coubo*, est le véritable souverain.

ARTICLE XII.

AFRIQUE ET AMÉRIQUE.

Je ne parlerai des cercles décrits sur la Mappemonde qu'après avoir décrit tout ce qui est géographie; ainsi je prie les Maîtres de ne s'occuper de l'Equateur et des Tropiques sous lesquels se trouve l'Afrique, que quand moi-même j'en traiterai.

AFRIQUE. On peut voir, par l'inspection de la carte, que l'Europe et l'Asie ne sont pas

(1) Jédo. Longitude 155°; lat. 35° 30', à-peu-près.

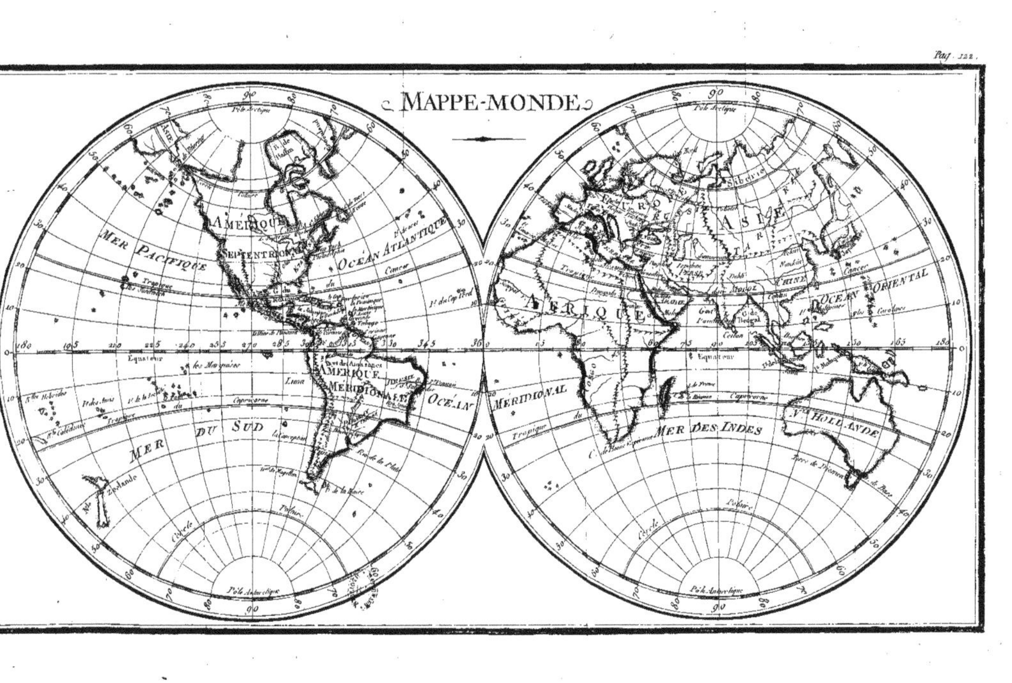
MAPPE-MONDE
Pole Arctique
AMERIQUE
SEPTENTRIONALE
MER PACIFIQUE
OCEAN ATLANTIQUE
Cancer
Tropique
Equateur
AMERIQUE
MERIDIONALE
OCEAN
Capricorne
MER DU SUD
Lima
Pole Antarctique
EUROPE
ASIE
Siberie
TARTARIE
CHINE
OCEAN ORIENTAL
AFRIQUE
MERIDIONAL
MER DES INDES
Nle HOLLANDE
Equateur
Capricorne
Tropique
Cercle
Polaire

séparées l'une de l'autre, depuis la mer Noire jusqu'à la mer Glaciale, pendant un espace de plus de 500 lieues. Il n'en est pas de même de l'Asie et de l'Afrique; l'espace de terre qui les réunit, n'a pas 30 lieues de largeur. Il est resserré entre deux mers, la Méditerranée au N., et la mer Rouge au S. O.: quand une partie de terre se trouve ainsi entre deux mers, et joignant ensemble deux terres plus considérables, on la nomme *Isthme*. Pour distinguer les isthmes les uns des autres, on les désigne ordinairement par le nom de la ville qui s'y trouve. Ainsi, parce qu'à l'extrémité septentrionale de la mer Rouge, il y a une ville que l'on nomme *Suez*, ou plutôt *Souez*, on nomme l'isthme qui joint l'Asie à l'Afrique, l'*isthme de Suez*, ou *Souez*.

Egypte. Le premier pays que l'on trouve en Afrique, lorsqu'en y arrivant de l'Asie, on a passé l'isthme de Suez, c'est l'Egypte. C'est un pays fort chaud, et dans lequel il ne pleut presque jamais. Mais il est arrosé du S. au N. par un fleuve que l'on appelle le *Nil*, et qui déborde chaque année, assez pour couvrir toutes les terres. Ces débordemens ont lieu pendant les trois mois de messidor, thermidor et fructidor. Cet arrosement naturel rend la terre très-fertile. On sème quand les eaux se sont retirées. Le pays est resserré entre deux chaînes de montagnes, qui ne lui laissent de largeur que 6 à 7 lieues et même moins ; au lieu qu'il en a 200 de longueur. Il fait partie des États de l'empire ottoman, qui y envoie chaque année un nouveau gouverneur sous le titre de *Pacha*, appelé *Bacha* en Egypte. La capitale se nomme le *Caire* (1), et le port où se rendent les vaisseaux, *Alexandrie* (2), sur la Méditerranée.

Au S. de l'Egypte est la Nubie, pays peu considérable, et plus au S. de l'Abyssinie où tombent les pluies qui grossissent le Nil. Les peuples y sont noirs.

CÔTE DE BARBARIE. Toute la partie de l'Afrique qui, le long de la Méditerranée, s'étend depuis l'Egypte jusqu'au détroit de Gibraltar à l'O., peut être comprise ici sous le nom de *Côte de Barbarie*. On y trouve trois États principaux occupés par des Turcs, sous la protection du Sultan de Constantinople, que l'on appelle ordinairement le *Grand-Seigneur*. Ces États sont ceux de *Tripoli* (3), de *Tunis* (4) et d'*Alger* (5) ; ce dernier est le plus puissant. Les Turcs, habitans de ce pays, s'y sont établis depuis quelques siècles, en s'en emparant sur les Arabes, qui en étoient les maîtres,

(1) Le Caire. Long. or. 29° 10' 0"; lat. 30° 3' 12".
(2) Alexandrie. or. 27° 35' 30". — 31° 13' 5".
D'après les dernières observations.
(3) Tripoli. or. 11° 1' 7". — 32° 53' 40".
(4) Tunis. or. 7°. 44' 0". — 36° 43' 0".
(5) Alger. Long. non observée. Lat. 36° 49' 30".

Ce sont des hommes féroces dont la seule manière d'exister et de se procurer des richesses, est de courir les mers sur des vaisseaux, et d'attaquer les vaisseaux marchands européens, afin de les prendre. Ils font esclaves les hommes et les femmes, et les traitent avec plus ou moins d'humanité; mais il est faux qu'ils les tourmentent pour cause de religion.

La partie du N. O. de l'Afrique est le royaume de Maroc, dont les habitans sont aussi mahométans: c'est là que sont les hautes montagnes que l'on nomme *mont Atlas*.

Sur la côte occidentale de l'Afrique, à l'embouchure du fleuve appelé *Sénégal*, les Français ont un établissement. Le pays se nomme *Guinée*, et forme une longue côte, qui continue par le S. et le S. E. Les habitans sont noirs, ont les cheveux crépus; nous les nommons *nègres*. Des hommes avides vont tous les ans acheter quelques milliers de ces hommes vendus par leurs souverains, par leurs ennemis et quelquefois même par leurs parens. Ils les transportent en Amérique (autre partie du monde qui nous reste à connoître), et les y vendent à des propriétaires qui les forcent au travail à coups de fouet. On avoit essayé d'abolir ce commerce inhumain, mais l'avidité l'a emporté: on continue à acheter et à vendre des esclaves.

Sur la côte de l'O. est le *Congo*.

L'intérieur de l'Afrique renferme, au S. de

la Barbarie, le *Béled-ûl-Djéryd*, que l'on nomme vulgairement Bilédulgérid, et le *Ssahhrahg* ou désert; le *Ssoudân* ou Nigritie, où coule le *Joliba* ou Niger, de l'O. à l'E. Vers l'E., on trouve le *Fezzan*: et plus au S., vers l'Abyssinie, le *Darfour*.

A l'extrémité de l'Afrique est un établissement hollandois que l'on nomme le *Cap de Bonne-Espérance* (1). Ce nom *Cap* se donne à toute pointe de terre qui s'avance dans la mer, et qui est terminée par une montagne. C'est du Cap de Bonne-Espérance que vient l'excellent vin de *Constance*. Les vaisseaux qui vont aux Indes, ou qui en reviennent, s'arrêtent assez ordinairement au Cap de Bonne-Espérance, pour y acheter des vivres, du vin, y prendre de l'eau, et mettre à terre les malades, dont la santé s'y rétablit promptement.

Le reste de l'Afrique, soit la partie orientale, soit l'intérieur, où sont le *Monomotapa* et le *Monoémugi*, n'est pas assez connu, ou n'est pas assez intéressant, pour qu'il en soit fait mention dans ces élémens.

A l'E. de la partie méridionale de l'Afrique, on voit trois îles, dont une très-grande, c'est *Madagascar*; elle ne renferme pas d'établissemens européens. Les deux autres sont les îles de *Bourbon* ou de la *Réunion*, et l'île de

---

(1) La ville. Long. or. 16° 3' 45"; lat. 33° 55' 15".

France. Il y a dans l'île de France un établissement considérable, et nos vaisseaux s'y rendent assez ordinairement en revenant des Indes, ou en y allant. L'une et l'autre de ces îles sont à la France.

Si nous revenons au N. O. de l'Afrique, nous trouverons plusieurs îles, très-près les unes des autres, on les nomme *Canaries*. Elles appartiennent aux Espagnols, et produisent particulièrement des vins excellens; c'est de ces îles que sont venus les jolis oiseaux que l'on nomme serins. Une de ces îles, nommée *Ténérif*, renferme une montagne isolée, qui s'élève à une très-grande hauteur (1). Une autre porte le nom de l'*Ile de Fer* (2); elle est précisément sous le cercle qui renferme, sur les cartes, les trois parties de la terre que nous venons de décrire.

AMÉRIQUE. Dans le cercle qui est à l'Ouest, se trouve enfermée la quatrième partie du monde; on la nomme *Amérique*. Elle n'a été connue des Européens que depuis quelques siècles, et les habitans y étoient presque tous sauvages, vivant de la chasse ou de la pêche, et presque tous sans vêtemens, excepté pourtant deux États très-policés, le Mexique et l'empire des Incas. Les Européens ont détruit ces em-

(1) 1983 toises.

(2) Ile de Fer. Long. oc. 20° 30' 0"; lat. 27° 45' 0".

pires, et y ont successivement formé divers établissemens. On va les faire connoître en commençant par le Nord.

GROENLAND, CANADA, ÉTATS-UNIS. La partie la plus septentrionale est très-froide, et n'est habitée qu'en quelques endroits.

Le Groënland est, presque en tout temps, couvert de neige et de glace. Les habitans, appelés Groënlandois, se nourrissent presque uniquement de poissons, et boivent l'huile qu'ils en retirent.

Le Canada est un vaste pays qui appartient au royaume d'Angleterre. L'intérieur des terres renferme des nations sauvages, qui fournissent des fourrures au commerce des Anglais. La capitale du Canada est *Quebec* (1), sur un grand fleuve que l'on nomme *Fleuve de Saint-Laurent*.

Les États-Unis sont des provinces réunies par un intérêt commun, pour se maintenir libres contre les prétentions du royaume d'Angleterre, dont elles faisoient encore partie il y a vingt ans. La France leur a beaucoup aidé à se mettre en liberté. Les plus connues des villes de ces provinces sont : *Boston* (2), *New-Yock* (3) et

(1) Quebec. Long. or. 73° 30′ 0″; lat. 46° 47′ 30″.
(2) Boston. oc. 73° 19′ 0″. — 42° 22′ 11″.
(3) New-Yorck. oc. 76° 31′ 0″. — 40° 40′ 0″.

Philadelphie (1). La France fait un grand commerce avec ces villes.

A l'O. de ces provinces, il y a des établissemens où sont les Français, sur les bords de quelques fleuves, tels que l'*Ohio*, le *Scioto*, etc., dans le Kentukey, le Ténessé, et même dans la *Louisiane*, qui a été cédée par la France aux États-Unis, il y a peu de temps.

Voici donc quelles sont actuellement les provinces qui forment les États-Unis d'Amérique.

Etats du Nord. Les provinces de Main . . . New-Hampshire . . . Vermont . . . Massachusetts . . . Rhode-Island . . . Connecticut . . . New-York . . .

Etats du Milieu. . . New-Jersey . . . Maryland, . . Délaware . . . Pennsylvanie . . . Virginie.

Etats du Sud. Caroline du Nord . . . Caroline du Sud . . . Géorgie.

Etats de l'Ouest. Le Kentuckey . . . le Ténessé . . . la Louisiane . . . les Territoires du N. O., ou *North-Western-Territory.*

Le plus grand des fleuves de l'intérieur du pays est le *Mississipi*. Tout ce qui est à l'O. de ce fleuve, excepté la Louisiane, appartient aux Espagnols, aussi bien que la Floride au S. de la Géorgie. On y trouve le nouveau *Mexique*

(1) Philadelphie. Long. oc. 77° 36' 0"; lat. 39° 56' 55".

à l'O. Le Mexique, proprement dit, est tout-à-fait à l'O. ou plutôt au S. O. C'est un pays très-riche : la capitale est *Mexico* (1).

C'est tout le pays que l'on vient de parcourir, qui se nomme *Amérique Septentrionale.* La partie qui est au S. E. se nomme *Amérique Méridionale.* Il y fait beaucoup plus chaud que dans la première. J'en dirai bientôt la raison.

Isthme de Panama. Nous avons vu précédemment qu'un isthme est une portion de terre resserrée entre deux mers, et joignant ensemble deux terres plus considérables ; tel est celui qui joint l'Amérique septentrionale à l'Amérique méridionale. On le nomme *Isthme de Panama* (2), d'après la ville de ce nom, qui est sur la côte occidentale.

Pérou et Chili. En sortant de l'isthme de Panama, si l'on entre dans l'Amérique méridionale, et que l'on continue de faire route au Sud, on se trouve dans le Pérou, pays où sont les plus hautes habitations de la terre ; car les villes y sont bâties sur une longue chaîne de montagnes, que l'on nomme *Cordilieres du Pérou*, et qui sont assez généralement élevées de 16 à 1700 toises au-dessus du niveau de la mer ; et cependant, dans ce pays il se trouve encore de très-hautes montagnes ; mais on n'en

(1) Mexico. Long. oc. 102° 25′ 45″ ; lat. 19° 25′ 55″.
(2) La ville de Panama. oc. 82° 41′ 0″. — 8° 58′ 50″.

peut atteindre la cîme. Le Pérou est riche en productions de différens genres, et en mines d'argent. Il appartient au roi d'Espagne, aussi bien que le Chili, qui est au S. Le Chili est sur la continuation de la même chaîne de montagnes; il s'y trouve encore quelques nations qui descendent des anciens habitans, et avec lesquelles les Espagnols font le commerce et quelquefois la guerre. La capitale du Pérou, est *Lima* (1); les principales villes du Chili sont la *Conception* (2) et *Saint-Yago*.

PARAGUAY. Les Espagnols possèdent aussi le vaste pays qui se trouve à l'E. du Chili, et que l'on nomme le *Paraguay*. Il est fertile et arrosé, entre autres rivières, par celle que l'on nomme *Rio de la Plata ;* c'est sur le bord de cette rivière qu'est *Buenos-Aires* (3), principale ville du pays.

BRÉSIL. La partie de l'Amérique méridionale la plus avancée vers l'E. se nomme *Brésil*. C'est un pays très-riche en mines d'or, et dans lequel on trouve aussi, beaucoup de ces pierres que l'on nomme *pierres fines*. Le lieu le mieux observé est *Rio Janeiro* (4). Ce pays appartient au royaume de Portugal.

---

(1) Lima. Long. oc. 79° 9′ 30″ lat. 12° 1′ 15″.
(2) La Conceptiont. oc. 75° 0′ 0″. — 36° 42′ 53″. S.
(3) Buenos-Aires. oc. 60° 51′ 15″. — 34° 35′ 26″.
(4) Rio Janeiro. oc. 45° 5′ 0″. — 22° 54′ 10″. Sud.

Pays de la Rivière des Amazônes. Au N. des deux pays précédens, coule la plus grande rivière connue; elle a plus de 1200 lieues de cours, et se nomme le *Maragnon*, désignée souvent par le nom de *rivière des Amazônes*. Le pays qu'elle arrose en a pris son nom; il n'est pas fort habité dans son intérieur. La partie orientale appartient aux Portugais; la partie occidentale est aux Espagnols.

Guyanne. Si l'on suit les bords de la mer au N. de l'embouchure du fleuve des Amazônes, on trouve le pays que l'on nomme la *Guyanne*, et qui est partagé entre les Français et les Hollandais.

Dans la Guyanne Française, on distingue entre autres établissemens, celui de *Cayenne* (1) dans une espèce d'île, séparée du continent par un courant d'eau. Il y croît d'excellent café et de très-beau coton. Il faut remarquer que l'on y cultive aussi des épices de même espèce que les Hollandais font cultiver dans les îles que l'on nomme Moluques, et qui font partie des îles situées au S. E. de la presqu'île orientale de l'Inde.

Le principal établissement de la Guyanne hollandaise est celui de la rivière de *Surinam* (2). Il est en très-bon état.

---

(1) Cayenne. Long. oc. 54° 35′ 0″; lat. 4° 56′ 15″.

(2) Paramaribo, non encore bien observée.

En général, ce pays est un peu noyé d'eau; mais dans l'une et l'autre Guyanne, on a fait des desséchemens très-utiles.

Terre-Ferme. Un peu au-delà, en avançant vers le N. O. on trouve l'embouchure d'un grand fleuve, appelé l'*Orénoque*. Tout ce pays, jusqu'à l'Isthme de Panama, appartient aux Espagnols. C'est là qu'est la province de la *Caraque*, d'où se tire le meilleur cacao (c'est ce qui, mêlé avec du sucre, sert à faire du chocolat). Un peu plus à l'O. est le port de *Carthagène* (1). En général, l'air est mauvais sur cette côte et le pays est mal sain. Il est meilleur et plus riche dans les terres où est *Santa-Fé* (2) *de Bogota*.

Antilles. A partir à-peu-près de l'embouchure de l'Orénoque, on trouve une suite d'îles, dont la disposition un peu circulaire se dirige du S. E. au N. O. On les nomme *Antilles*. Les unes appartiennent aux Français; telles que *Sainte-Lucie*, la *Martinique* (3), la *Guadeloupe*; d'autres aux Anglais, telles que la *Grenade*, la *Dominique*; quelques-unes moins considérables, aux Hollandais, même aux Danois.

---

(1) Carthagène. Long. oc. 78° 2' 54"; lat. 4° 56' 15".

(2) Non observée.

(3) La Martinique, au Fort-Royal. Longit. oc. 63° 29' 0"; lat. 14° 35' 55".

A l'Ouest, est l'île de *Saint-Domingue*, dont la partie orientale vient d'être cédée par les Espagnols aux Français, qui étoient déjà maîtres de la partie occidentale, où est la ville du *Cap* (1).

Plus à l'O., est l'île appelée *Jamaïque*; c'est le principal établissement des Anglais dans cette partie. Vers le N., est *Cuba*, aux Espagnols.

Golfe du Mexique. La partie de mer qui se trouve entre cette suite d'îles et le continent, porte le nom de *Golfe du Mexique*.

Remarque. Lorsque les vaisseaux partent de l'Europe, pour aller en Amérique, ils sont obligés, pour chercher le cours des vents, de descendre assez droit au S. jusqu'aux îles des Canaries, en-deçà desquelles est *Madère* (2). Ils vont à-peu-près jusqu'aux îles du Cap-Verd, puis tout-à-coup, à la faveur du vent, ils traversent l'Océan de l'E. à l'O.; mais quand ils reviennent, soit de la Guyanne, soit des îles Antilles, ils remontent d'abord assez directement au N., jusques vers la hauteur de Boston, puis ils s'avancent vers l'E. C'est dans cette dernière route qu'ils apperçoivent quelquefois les îles *Açores*, dont la principale est *Tercère*; elles appartiennent aux Portugais.

(1) Cap-Français. Long. oc. 74° 38′ 0″; lat. 1° 46′ 30″.
(2) Madère, à Funchal. oc. 19° 16′ 0″. — 32° 37′ 40″.

Tel est l'apperçu général de toutes les grandes terres du globe. Nous allons actuellement parler des mers.

ARTICLE XIII.

DES MERS.

On ne parle dans cet article que de l'emplacement des mers. La question de la saline des eaux et celle des mouvemens réguliers connus sous le nom de flux et reflux, sont réservées à des ouvrages plus étendus. Il convient seulement d'annoncer, pour la suite, aux Élèves qui connoissent ces faits, qu'ils ont une cause naturelle, et que les Savans en donnent des explications satisfaisantes.

LA disposition des terres, sur le globe, est telle que, d'un côté, c'est une vaste étendue, qui est divisée en trois parties, comme on l'a vu : ce sont l'*Europe*, l'*Asie* et l'*Afrique* : parce que c'est un seul tout, on le nomme *Continent*. Et, comme nos connoissances en histoire, quelqu'anciennes qu'elles soient, ne remontent pas au-delà d'un temps où ces parties ne fussent pas connues, elles forment ensemble, ce que l'on nomme l'*ancien Continent*.

Les deux Amériques, au contraire, n'ont commencé à être connues des Européens, qu'en 1494 ; quelques îles et quelques terres y furent découvertes par un Gênois, naviguant sur des vaisseaux espagnols ; il se nommoit Christophe Colomb : c'est le *nouveau Continent*.

Entre l'ancien et le nouveau continent, la mer porte le nom d'*Océan Atlantique ;* au midi des Indes, le nom de *mer des Indes ;* entre l'Asie et l'Amérique, et c'est là plus vaste étendue d'eau connue, elle se nomme *Grande Mer*, ou *Grand Océan*, et fut appelée pendant longtemps *Mer du Sud ;* mais cela n'étoit pas exact.

DÉTROIT DE MAGELLAN. On la nommoit mer du Sud, parce que pour y arriver, les vaisseaux d'Europe sont obligés d'aller d'abord au S. ; et comme la mer est très-orageuse et couverte de brume dans cette partie, on a cherché, près des terres, un passage facile. On en a trouvé deux. L'un, découvert par Magellan, est entre la terre du continent, et une autre terre que l'on nomme *Terre de Feu :* c'est le détroit de *Magellan :* l'autre, un peu plus au S., est entre la terre de Feu et la *Terre des Etats*, c'est le détroit de *Le Maire*, appelé ainsi d'après le navigateur qui le découvrit.

NOUVELLE-ZÉLANDE, ILES DES AMIS, DE LA SOCIÉTÉ, OTAÏTI, etc. C'est dans la Grande-Mer que se trouvent des îles assez longtemps inconnues, et visitées depuis quelques années par de célèbres navigateurs. Telles sont au

.C. O. les deux îles appelées *Nouvelle-Zélande*, les îles de la Société, les îles des Amis, où est Otaïti. Plus au N., les îles *Sandwich*, où le Cook (prononcez Couk) le plus célèbre des voyageurs anglois, fut assassiné par les sauvages.

ILES MARIANNES. Assez loin, à l'O. des îles Sandwich (prononcez *Sandouiche*) et au S. E. de la Chine, on trouve les îles Mariannes, appelées aussi *Iles des Larrons*, dont les habitans ignoroient l'usage du feu, lorsque Magellan en fit la découverte. Elles appartiennent aux Espagnols.

GRAND BANC DE TERRE-NEUVE. Enfin, dans la partie septentrionale de l'Océan, on trouve, à peu de distance de l'embouchure du golfe Saint-Laurent, une grande étendue de terre qui n'est qu'à fleur d'eau. On la nomme *Banc de Terre-Neuve*. C'est là que tous les vaisseaux de l'Europe, qui vont à la pêche de la morue, se rendent chaque année, depuis thermidor jusqu'au milieu de Fructidor. L'île appelée de Terre-Neuve, en est peu éloignée. Les Anglais et les Français s'en sont partagés les côtes pour y donner asyle aux pêcheurs, dans les temps de la pêche. C'est en remontant plus au N. que se fait la pêche de la baleine, le plus gros de tous les animaux marins. On en trouve aussi dans la partie méridionale de l'Océan.

MER GLACIALE. La mer qui est plus au N., se nomme *Mer Glaciale*. Elle n'est pas navigable en totalité : car on y trouve, presque en toute saison, des montagnes de glace.

Nous allons voir dans l'article suivant, pourquoi il y a des pays si froids, tandis que d'autres sont si chauds.

ARTICLE XIV.

DES CERCLES.

Je vais expliquer le plus brièvement possible les Cercles qui se trouvent sur la Mappemonde. Les maîtres développeront ces simples apperçus selon le besoin ou la capacité des Élèves.

Pôles. Les points de la Mappemonde, où se trouvent les nombres 90, répondent aux *pôles* du monde, c'est à-dire, aux points sur lesquels la terre ou le globe de carton qui la représente, fait sa révolution.

Cercles. Toutes les lignes que nous voyons tracées entre ces points, représentent autant de cercles tracés sur les globes *artificiels*, et l'esprit les suppose sur le globe *terrestre*, pour faire mieux sentir la correspondance de la terre avec le soleil.

Équateur. L'équateur est, sur la Mappemonde, la ligne qui se trouve à égale distance des deux pôles : cette ligne représente un des principaux cercles du globe. Les pays situés sous ce cercle ont, au commencement du printemps et au commencement de l'automne, le soleil perpendiculairement au-dessus de leur tête. C'est ce que l'on nomme *être sous la Ligne*.

Tous les cercles ont été jusqu'à présent divisés, dans leur circonférence, en 360 parties. Ce n'est que depuis l'établissement des nouvelles mesures qu'on les divise en 400, du moins pour les cercles de la Sphère. Mais comme il n'y a pas encore de cartes faites d'après cette nouvelle division, on ne peut guères entreprendre d'en traiter ici.

Parallèles. Les cercles qui sont tracés autour du globe, dans le sens de l'équateur, sont nommés *parallèles*. Ce sont ceux que l'on voit sur la mappemonde, dans le même sens que l'équateur, mais prenant une forme circulaire qu'ils n'ont pas sur le globe artificiel. On ne peut en faire ici sentir la raison : il suffit de dire qu'ils conservent sur les cartes le nom de *parallèles*.

Méridien. Ceux qui vont d'un pôle à l'autre sont appelés *méridiens*. Le cercle qui renferme l'ancien continent presque tout entier, se nomme *premier méridien*.

Si l'on eût tracé autant de parallèles ou de méridiens qu'il y a de degrés à l'équateur, il en résulteroit une confusion extrême. On les a donc tracés quelquefois de 10 en 10, et cela suffit. Sur notre mappemonde, ils sont tracés de 15 en 15, et voici l'avantage qui en résulte.

La terre tourne et fait sa révolution entière en 24 heures; et, comme tous les cercles qui l'entourent, dans le sens de l'équateur, sont divisés en 360 parties ou degrés, il s'ensuit qu'un espace de terre, sous l'équateur, de la longueur d'un degré ou de 25 lieues, employant *quatre* minutes à passer devant le soleil, quinze degrés en emploient *soixante* ou une heure. Ainsi, quand il est midi sous le trentième degré, il n'est encore que onze heures sous le quinzième. Lors donc que l'on sait le nombre des degrés de longitude qui se trouvent entre deux villes, on sait aussi quelle est la différence qui se trouve entre le temps où elles ont les heures de chaque jour; ce qui vient de la distance entre leurs méridiens. A Paris, on a midi, lorsqu'à Vienne on a déjà une heure. Il faut observer que la terre, tournant de l'O. à l'E., croit voir tourner le soleil de l'E. vers l'O.

LONGITUDE. La distance qui se trouve entre les méridiens, se nomme *longitude*. L'ancien usage étoit de la compter depuis le premier méridien (c'est le cercle que nous voyons ici tout près, de l'Afrique à l'O.) jusques tout autour du globe, c'est-à-dire, depuis un degré jusqu'à 360. Actuellement on compte en France, depuis le méridien de Paris, en indiquant si c'est

à

à l'E. ou à l'O., et l'on compte jusqu'à 180, moitié de 360.

Latitude. La latitude est la distance, ou le nombre des degrés, qui se trouve entre un lieu et l'équateur. Pour estimer la latitude, on part donc de ce cercle, pour remonter vers les pôles, soit au N. soit au S. Ainsi, on ne peut compter que jusqu'à 90 degrés, qui est le quart de toute la circonférence. La latitude d'un lieu est d'autant plus grande, que ce lieu est plus loin de l'équateur.

On nomme *partie septentrionale* du globe, tout l'espace qui s'étend de l'équateur au pôle du N., que l'on nomme *pôle arctique*.

On nomme *partie méridionale*, l'espace opposé, compris entre l'équateur et le pôle du S. appelé pôle *antarctique*, c'est-à-dire opposé à l'arctique.

Tropiques. A 23 degrés ½ de chaque côté de l'équateur, on voit deux cercles qui ne sont pas au nombre des parallèles; on les nomme *tropiques ;* l'un, tropique du *Cancer*, dans la partie septentrionale; l'autre, tropique du *Capricorne*, dans la partie méridionale. Le mot tropique signifie *retour*, parce que le soleil paroît aller de l'un à l'autre de ces cercles. Le premier jour de l'*été*, il est au tropique du Cancer; le premier jour de l'*hiver*, au tropique du Capricorne.

Zônes. Tout l'espace que l'on voit entre ces

deux cercles, a le soleil au-dessus de soi, dans un jour ou dans l'autre de l'année. Cela y cause une très-grande chaleur; c'est pourquoi on nomme ce large espace, *Zône Torride*, ou brûlée; mais le jour n'y est que de douze heures.

A 23 degrés ½ des poles, on voit dans la partie septentrionale, ainsi que dans la partie méridionale, un petit cercle que l'on nomme *cercle Polaire*. Le jour, pendant l'été de chaque pôle (car l'un a l'été lorsque l'autre a l'hiver), y est de 24 heures; et au pole même, il est de 6 mois. Le froid y est très-considérable, c'est pourquoi on appelle l'espace compris entre chaque pole et chacun de ces cercles, *Zône Glaciale*.

Enfin, les espaces renfermés entre les Zônes Glaciales et la Zône Torride, sont appelés *Zônes Tempérées*; parce qu'il y fait moins chaud que dans la Zône Torride, et moins froid que dans les Zônes Glaciales. Mais on y participe du froid des unes, ou de la chaleur de l'autre, selon que l'on en est plus ou moins près.

Il y a donc 5 Zônes, la Zône *Torride*, les deux Zônes *Tempérées* et les deux Zônes *Glaciales*. Tous les pays de l'Europe sont dans la Zône Tempérée septentrionale, mais on y a plus ou moins chaud, selon que l'on y est plus ou moins éloigné de l'équateur.

ARTICLE XV.

DES MOUVEMENS DES CORPS CÉLESTES.

Je ne donnerai ici qu'un exposé sommaire des mouvemens des corps celestes, appelés communément CONNOISSANCE DE LA SPHÈRE.

Dès qu'il y eut des hommes sur la terre, ils durent s'appercevoir que c'étoit du Soleil que provenoit la lumière qui donne la clarté des jours; et que la privation de cette lumière rend inévitable l'obscurité des nuits. Mais ils se trompèrent sur la cause de cette vicissitude de jouissances et de privations. Ils crurent que le Soleil tournoit autour de la terre, et que les étoiles, dont l'assemblage forme ce que nous appelons le Ciel, tournoit de même dans l'espace de 24 heures. Tous les enfans et les hommes non instruits sont encore dans cette même erreur. C'est pour leur faire comprendre que c'est au contraire la Terre qui tourne, et que c'est le Soleil qui est fixe, que l'on va donner les explications suivantes:

Apparence. On croit que le Soleil tourne, parce que chaque matin on l'apperçoit, qu'il paroît s'avancer à la hauteur où il nous donne le *midi*, ou la moitié du jour; et qu'enfin, il disparoît le soir, du côté opposé à celui par lequel il s'est avancé le matin.

Réalité. 1°. Le Soleil est fixe, mais la Terre tourne, ce qui suffit pour que les peuples voient le Soleil, puis cessent de le voir. C'est l'effet que l'on éprouve lorsque l'on est dans un bateau : on ne sent pas de mouvement, et l'on peut croire que ce sont les rivages qui se déplacent. Cette vérité, une fois établie, il faut savoir ce qui suit.

2°. La Terre tourne continuellement sur deux points opposés, que l'on nomme *pôles*, d'après un mot grec qui signifie *tourner*.

3°. On suppose qu'il y a une ligne qui va d'un de ces points à l'autre, on la nomme *axe*. On peut comparer cette ligne à l'*essieu* d'une roue.

L'axe de la Terre, ou son diamètre, a de longueur 2865 lieues ou 1274 myriamètres : comme elle est un peu applatie vers le pole. s'il y avoit un axe sous l'équateur, il auroit un peu plus que cette mesure.

4°. On suppose que l'axe de la Terre s'étend jusqu'au Ciel, et l'on nomme, de même, *pôles*, les deux points du Ciel où il se termine.

5°. Lorsqu'un homme est en pleine campagne, toute l'étendue de terre que sa vue peut embrasser, se termine en *cercle* autour de lui; il en occupe le centre. Ce cercle apparent, causé par la forme même de la Terre qui est ronde, à-peu-près comme une boule, est nommé *horizon*, c'est-à-dire *borneur*, parce qu'en effet, ce cercle apparent borne notre vue tout autour de nous. Il est aisé de se démontrer à soi-même que la Terre est ronde. Lorsque l'on est en plaine campagne, à mesure que l'on marche, on découvre devant soi des objets que l'on n'apperçoit pas d'abord, mais on cesse de voir, en même proportion, plusieurs de ceux que l'on voyoit du côté opposé. Si la terre étoit plate, avec de bonnes lunettes, on pourroit voir à mille lieues de distance, au lieu que la hauteur ordinaire d'un homme ne lui permet d'étendre sa vue qu'à 6 ou 7 lieues, ou 3 myriamètres.

6°. Les Astronomes supposent un autre cercle, correspondant avec cet horizon *visuel*, mais passant par le centre de la Terre : on le nomme horizon *rationel*, ou imaginé par la raison.

Les centres de ces deux horizons sont dans la même direction; mais la circonférence de l'horizon *visuel* est formée par la configuration de la surface de la Terre; au lieu que la circonférence de l'horizon *rationel* est supposée s'étendre jusqu'au Ciel.

Lorsque nous voyons, en pleine campagne, un arbre, une maison, c'est que ces objets sont sur notre horizon visuel.

Lorsque les livres d'astronomie, les almanachs, etc., disent que le soleil se lève à telle ou telle heure, cela signifie qu'à l'heure indiquée, il paroîtra s'élever au-dessus de l'horizon rationel.

Comme ces deux horizons ne different entre eux que par l'étendue et la place qu'ils occupent par rapport à nous, que d'ailleurs ils se correspondent parfaitement, ils ont leur centre dans la même direction; lorsque l'on parle en général de l'horizon, ce que l'on dit convient également à tous les deux.

L'horizon est supposé traversé par une ligne, que l'on nomme *axe* de l'horizon.

Les extrêmités de l'axe de l'horizon, sont nommés *Zénith* et *Nadir*.

Il faut observer que dès que l'on parle de l'horizon, c'est-à-dire du cercle *borneur*, on suppose toujours un point de la terre où il borne la vue; et ce point, soit ville, soit même un homme, est toujours censé au centre du cercle que forme l'horizon.

Le zénith est le point qui se trouve au-dessus du peuple, ou au-dessus de la ville qui occupe le centre de cet horizon; le nadir est le point opposé : il est au-dessous de nos pieds.

On a cru long-temps que le soleil, outre son mouvement en 24 heures, que l'on nomme mouvement *journalier* ou *diurne*, avoit un mouvement *annuel* : ce seroit à-peu-près l'effet d'une vis sans fin. Voici la cause de cette seconde erreur.

Le soleil, le premier jour du printemps et le premier jour de l'automne, c'est-à-dire, en commençant *Germinal* et *Vendémiaire*, paroît décrire dans le ciel un cercle qui est également éloigné des deux pôles. On nomme ce cercle l'*Equateur.*

Le point de l'horizon où le soleil paroît se lever se nomme *Orient vrai*, le point où il paroît se coucher, *Occident vrai;* c'est alors le commencement du PRINTEMPS.

Mais le premier jour de l'été, c'est-à-dire en commençant *Messidor*, le soleil se lève à un point de l'horizon différent du premier, et plus rapproché de nous; il se lève plus matin, passe plus près de notre zénith, et se couche de même à un point plus rapproché de nous; ce jour-là, il a décrit, sur l'horizon, un cercle beaucoup plus grand que lors du printemps; c'est alors que commence l'ÉTÉ.

Le cercle que le soleil décrit alors, se nomme *Tropique du Cancer* ou de l'Écrevisse : ce qui suit fera connoître le sens de ces mots.

Le point du ciel où se trouve le soleil lorsqu'il est le plus éloigné de l'équateur, se nomme *Solstice*, c'est-à-dire le *soleil s'arrête;* parce qu'en effet, il paroît s'y arrêter quelques jours.

Mais enfin on voit le soleil s'éloigner de notre zénith, et l'on croit que cet effet a pour cause un mouvement particulier; on le voit au commencement de l'automne, c'est-à-dire au premier Vendémiaire, se lever et se coucher au même point de l'horizon qu'au printemps : c'est qu'alors il paroît de même décrire l'équateur; et les jours sont de 12 heures, ainsi qu'au printemps, dans tous les lieux de la terre, excepté aux points des pôles qui, ce jour-là, n'ont point de nuit : c'est alors que pour nous commence l'AUTOMNE.

Le soleil paroît continuer à s'éloigner de notre zénith jusqu'à un point du ciel au-delà duquel il ne s'éloigne plus, et que l'on nomme *solstice d'hiver :* le cercle qu'il paroît décrire, et qui est plus loin de notre zénith que l'équateur, se nomme *tropique du capricorne :* on en va voir la raison. C'est alors que commence l'HIVER.

Le mot *tropique* signifie *retour;* c'est qu'en effet le soleil paroît retourner sans cesse de l'un des tropiques à l'autre.

Réalité des mouvemens célestes (1). Le soleil est le centre du mouvement des planètes nommées ci-après.

Au tour de lui tournent *Mercure* ☿, *Vé-*

---

(1) La briéveté nécessitée par la nature de cet ouvrage ne me permet pas de donner à ce qui va suivre de grands développemens. J'invite les maîtres à se servir de la machine GÉOCYCLIQUE de Fortin, chez le citoyen Lamarche, rue du Foin St.-Jacques, ou de celle qu'exécute le citoyen Loysel, rue du Plâtre St.-Jacques. Au défaut de machine, on peut prendre une pomme ou une orange, dans laquelle on fait passer une broche de fer.

nus ♀, *la Terre* ♁, *Mars* ♂, *Piazzi* ○, *Olbers* ○, *Jupiter*, ♃, *Saturne* ♄, *Herschel* ♅.

La terre décrit à-peu-près un cercle autour du soleil; c'est cette révolution que l'on nomme *année*, composée de 365 jours 6 heures environ.

Pendant qu'elle tourne autour du soleil en un an, elle tourne sur elle-même en 24 heures : ce qui cause l'alternative du jour et de la nuit.

Le cercle que la terre décrit en une année se nomme son orbite, mais de plus il a le nom particulier d'*écliptique*.

L'axe de la terre, c'est-à-dire la ligne qui va d'un pôle à l'autre, est incliné, par rapport à l'écliptique; et cette inclinaison est telle que de chaque pôle à l'écliptique, il n'y a que 66° $\frac{1}{2}$, au lieu que si l'axe étoit perpendiculaire, il y en auroit 90. Donc chaque pôle est éloigné de la ligne perpendiculaire de 23° $\frac{1}{2}$.

L'inclinaison de l'axe de la terre est toujours la même, ou du moins n'éprouve pas une variation sensible.

Les extrémités de l'axe sont aussi toujours dirigés vers les mêmes points du ciel; ce que l'on exprime très-bien en disant que l'*axe de la terre est toujours parallèle à lui-même*.

Il suit de ce que je viens d'exposer,

1°. Qu'il doit y avoir deux jours dans l'année où les deux pôles de la terre sont également éloignés du soleil : c'est le *premier jour du printemps* et le *premier jour de l'automne.*

Alors le soleil se trouve perpendiculaire à un point qui est à égale distance des deux pôles ; et, comme la terre tourne, la succession de ces points forme le cercle que l'on nomme *équateur*. C'est pourquoi les peuples qui habitent à égale distance des deux pôles, ont alors le soleil précisément au-dessus d'eux.

La lumière du soleil ne peut atteindre que la partie de la terre qui est en face de lui ; le côté opposé est dans l'ombre. Mais comme il en voit la moitié, et que cette moitié s'étend d'un pôle à l'autre, il s'en suit qu'en 24 heures tous les peuples de la terre ont eu un jour de 12 heures et une nuit de même durée. C'est pourquoi on appelle ces momens l'*équinoxe*, ou égalité entre les jours et les nuits.

2°. La terre, en continuant de s'avancer, a parcouru 90 degrés de l'écliptique ; mais comme la direction de l'axe n'est pas changée, le pôle que l'on nomme *arctique* ou *septentrional* est alors dirigé vers le soleil, et le pôle opposé, appelé *antarctique*, s'en éloigne, de manière que le pôle arctique s'avance de 23° $\frac{1}{2}$ dans la partie éclairée, et que le pôle antarctique s'avance de 23° $\frac{1}{2}$ dans la partie de l'ombre.

Cette position de la terre est cause, 1°. que le pôle arctique voit le soleil depuis trois mois, et que le pôle antarctique est depuis trois mois dans l'ombre ; ... 2°. que les peuples qui habitent à la distance de 23° ½ loin du pôle, ont, le premier jour de l'été, la vue du soleil pendant 24 heures.

Le soleil alors n'est plus perpendiculaire au-dessus de l'équateur, puisque à cause de l'inclinaison de l'axe, l'équateur n'est plus au milieu de la surface éclairée.

Les rayons du soleil tombent perpendiculairement à 23° ½ de l'équateur, en se rapprochant du pôle arctique.

C'est alors que nous voyons le soleil plutôt le matin et que nous cessons de le voir plus tard le soir. Et plus un peuple habite loin de l'équateur, plus ses jours sont grands en été.

Les peuples qui habitent entre l'équateur et le pôle antarctique, éprouvent un effet tout opposé. Ils ont leurs longues nuits lorsque nous avons nos longs jours.

Trois mois après le commencement de l'été la terre se retrouve dans une position semblable à celle qu'elle avoit au printemps; et comme le pôle arctique a continué de voir le soleil, il s'en suit qu'il a un jour de *six* mois; le pôle opposé a une nuit de même durée. La terre éprouve, lors de l'hiver, le contraire de ce qu'elle éprouvoit en été, c'est-à-dire que nous avons les nuits aussi longues qu'alors nous avions les jours.

Chaleur des Saisons. La différence dans la chaleur des saisons est une suite de la longueur des jours. Car, 1°. en été nous voyons le soleil plus perpendiculairement au-dessus de nous, et, 2°. nous le voyons plus long-temps; il doit donc nous procurer plus de chaleur. Au contraire en hiver, il est très-éloigné de notre zénith, et nous le voyons moins long-temps, il doit donc nous donner une chaleur moins considérable. C'est en effet, ce qui arrive, quoique la terre soit en hiver plus près du soleil, d'environ un million de lieues qu'elle ne l'est en été. Car la terre ne décrit pas un cercle parfait autour du soleil, mais un cercle allongé que l'on nomme *Ellipse*, et, improprement, *ovale*, et le soleil n'est pas au centre, mais à une petite distance de ce point : c'est la même chose par rapport aux autres planètes.

La distance moyenne de la terre au soleil est d'environ 34 millions de lieues.

La Lune. Pendant que la terre tourne autour du soleil, elle entraîne avec elle la lune qui tourne autour d'elle, environ treize fois dans l'espace d'une année. C'est la révolution de la lune autour de la terre que l'on nomme *Mois lunaire.*

La lune n'a de lumière que celle qu'elle reçoit du soleil; et nous ne voyons la lune qu'autant que nous pouvons en appercevoir la partie que le soleil éclaire.

Phases. Lorsque la lune est entre le soleil et la terre, toute la partie éclairée est en face du soleil, c'est la position que l'on nomme *Nouvelle lune* ●.

Lorsqu'elle a parcouru 90 degrés de son orbite, nous appercevons la moitié de la moitié éclairée; c'est le *premier quartier* ☽.

Lorsqu'elle a parcouru 180 degrés de son orbite, nous voyons toute la moitié éclairée : c'est la *pleine lune* ⊙.

Quand elle a parcouru les trois quarts de son orbite, ou 270 degrés, nous n'en voyons plus qu'un quart : c'est le *dernier quartier* ☾.

Enfin la révolution entière la ramène au point d'où elle étoit partie.

On nomme satellites des planètes des corps célestes qui, au lieu de tourner seulement autour du soleil, ont pour centre de leur mouvement propre, une planète qui les entraîne avec soi : on les nomme *Satellites* · la lune est le satellite de la terre.

Eclipses. Si le cercle que décrit la lune correspondoit dans tous ses points avec le cercle que décrit la terre, le centre de ce satellite répondroit toujours avec le centre de la terre e avec le centre du soleil. Ainsi à chaque nouvelle lune, elle nous cacheroit le soleil pendant quelques instans, et il y auroit alors *éclipse de soleil;* à chaque pleine lune, la terre se trouvant entre la lune et le soleil, il y auroit *éclipse de lune*. Mais, comme l'orbite de la lune est incliné par rapport à l'écliptique, il n'y a d'éclipse que quand les points où ces orbites se coupant, se rencontrent dans la direction du soleil, de la lune et de la terre, ou du soleil, de la terre et de la lune. Or ces points, que l'on appelle les *nœuds*, varient; mais les astronomes peuvent calculer le moment où les éclipses auront lieu, et c'est par cette raison qu'ils les annoncent.

Je finirai ce court exposé par quelques notions auxquelles les maîtres donneront les développemens qu'ils jugeront convenables.

Les mots *sphère* et *globe* signifient également *une boule*. Mais *sphère* vient de la langue grecque, et signifie, particulièrement chez nous, une machine composée de cercles dont on se sert pour expliquer les mouvemens apparens ou réels de la terre, des planètes, du soleil, etc. et *globe* vient de la langue latine, et se donne à une boule de carton qui représente ou le ciel ou la terre, selon que l'on y a tracé les objets qui appartiennent à la terre ou au ciel.

Quelquefois on dit la sphère *céleste*, alors on désigne le ciel et tout ce qu'il nous offre à la vue de planètes, d'étoiles, etc.

On distingue dans la sphère céleste, comme dans la sphère *artificielle* (ou faite par l'art des hommes) des *points*, des *lignes*, des *cercles*.

Points. Les principaux points sont, 1°. les *deux pôles de l'équateur*, savoir le pôle *arctique*, appelé aussi *septentrional*, et le pôle *antarctique*, appelé aussi *méridional*... 2°. les *deux pôles de l'horizon*, savoir le *zénith*, qui est au-dessus de notre tête, et le *nadir*, qui est au-dessous de nos pieds... 3°. Les deux points du *bélier* et de la *balance*, où l'équateur et l'écliptique se coupent, et font un angle de 23° ½.

Lignes. Les lignes principales sont 1°. l'axe de la terre qui est aussi l'axe de l'équateur : c'est sur cet axe (supposé) que la terre fait sa révolution en 24 heures, et c'est à chaque extrémité de cet axe que sont les pôles arctique et antarctique... 2°. L'axe de l'horizon dont les extrémités sont supposées toucher au zénith et au nadir.

Cercles. Les principaux cercles de la sphère sont au nombre de *dix*, six *grands* et quatre *petits*. On appelle petits cercles ceux dont le centre n'est pas dans le centre même de la sphère. Car d'ailleurs tout cercle renferme un même nombre de degrés, c'est-à-dire 360.

Les grands sont : *l'horizon*, *le méridien*,... *l'équateur*, *l'écliptique*,... et *les deux colures*.

Les petits sont les deux *tropiques* et les deux *cercles polaires*.

L'horizon est le cercle qui borne notre vue, soit que nous observions les objets qui sont sur la terre, soit que l'on observe ceux qui sont au ciel. *Voyez* page 124.

Le méridien est un cercle dont le nom signifie *moitié du jour*. En effet, il est censé passer par *les pôles* du monde, par le *zénith*, et par le *point* où se trouve le soleil *à midi*. Par conséquent il coupe la portion du ciel, supérieure à l'horizon, en deux parties égales; celle où se lève le soleil est la partie *orientale*, celle où il paroît se coucher, la partie *occidentale*.

N. B. Ces deux cercles sont relatifs aux différens points de la terre dont on veut parler: ainsi l'on dit l'horizon, le méridien de tel ou tel lieu. Il n'en est pas de même des cercles suivans.

L'équateur est un cercle également éloigné des deux pôles du monde. L'équateur céleste est celui qui est supposé dans le ciel; l'équateur terreste, celui que l'on trace sur les globes et les cartes de géographie. La partie du ciel ou de la terre qui s'étend de l'équateur au pôle arctique est nommée partie *septentrionale;* la partie opposée, partie *méridionale*.

L'écliptique est le cercle que la terre parcourt en un an, ou si l'on veut celui que le soleil paroît parcourir.

Ce cercle embrasse toute la circonférence du ciel. Il est supposé accompagné d'une bande ou zône, large de 16 degrés, qui le sépare en deux parties égales : on la nomme *Zodiaque*.

Le zodiaque se divise, comme tout autre cercle en 360 degrés, qui pris 30 par 30 forment *douze* divisions dans lesquelles sont compris les *douze signes du zodiaque*, savoir : *le bélier* ♈.. *le taureau* ♉.. *les gémeaux* ♊..

l'écrevisse ♋ . . . *le lion* ♌ . . . *la vierge* ♍ . . .
la balance ♎ . . *le scorpion* ♏ . . *le sagitaire* ♐ . .
le capricorne ♑ . . *le verseau* ♒ . . *les poissons* ♓.

Il n'y a pas de mois, pas de jour que le soleil ne nous paroisse et ne soit en effet, par rapport à la terre, sous un point qui appartienne à l'un de ces signes.

Malgré les changemens arrivés par une cause naturelle dans les mouvemens célestes, l'usage est de dire que,

Le bélier, le taureau, les gémeaux, sont les signes du *printemps ;*

L'écrevisse (ou *cancer*), le lion, la vierge, sont les signes de *l'été ;*

La balance, le scorpion, le sagitaire, sont les signes de *l'automne ;*

Le capricorne, le verseau, les poissons, sont les signes de *l'hiver.*

Les tropiques sont les deux cercles que le soleil paroît décrire, l'un en été, l'autre en hiver. Ils sont parallèles à l'équateur, mais éloignés de chaque côté de ce cercle de 23° $\frac{1}{2}$. L'un est nommé *tropique du cancer*, parce qu'il est supposé toucher à la constellation de ce nom : l'autre *tropique du capricorne*, par une raison semblable.

Mais je préviens les maîtres que cette espèce de récapitulation sur les points, les lignes et les cercles, par laquelle on commençoit autrefois, et bien à tort, les leçons sur *la sphère*, n'est vraiment utile qu'autant que les enfans ont bien compris ce qui précéde.

La *latitude* d'un lieu est la distance de ce lieu à l'équateur; chaque degré, sur la terre, est de 25 lieues.

La *longitude* d'un lieu est la distance de ce lieu au premier méridien.

Dans l'usage ordinaire, le premier méridien est celui qui passe par le zénith de l'île de Fer, la plus occidentale des Canaries. On compte les degrés en allant de l'O. à l'E.

Les Astronomes, et même les bons Géographes français admettent pour premier méridien le méridien de Paris, et comptent les degrés en allant vers l'E. ou l'O. selon que le lieu dont il s'agit est à l'orient ou à l'occident.

Satellites. Les satellites des planètes sont des planètes plus petites qui décrivent leur orbite autour des planètes plus considérables.

La Terre a *un* satellite : c'est la lune.

Jupiter a *quatre* satellites.

Saturne en a *sept*.

Uranus, ou Herschel en a *huit*.

Saturne a de plus, autour de lui, à une certaine distance, un anneau qui nous renvoie aussi la lumière du soleil, et qui fait sa révolution en 10 heures.

Distance de chaque planète au soleil, en nombres ronds.

	Lieues.
MERCURE.	13000000.
VÉNUS..	25000000.
LA TERRE..	34000000.
MARS.	52000000.
PIAZZI..	95280000.
OLBERS.	95890000.
JUPITER..	178000000.
SATURNE.	327000000.
HERSCHEL..	659000000.

Comètes. Les comètes sont aussi des espèces de planètes dont le nom signifie *chevelure*, parce qu'elles paroissent quelquefois accompagnées de longues queues. Elles décrivent des ellipses très-alongées, et qui ne sont pas renfermées dans la largeur du zodiaque, comme celle des planètes. Il y en a plusieurs que l'on connoît assez pour en annoncer le retour.

Rapidité des mouvemens de la terre. La terre en tournant sur son axe en 24 heures, a un mouvement si rapide, qu'un habitant des pays situés sous l'équateur, parcourt, à chaque seconde, 258 toises, ou 465.6 mètres. Ce qui fait que l'on ne s'en apperçoit pas, c'est que l'*atmosphère*, c'est-à-dire, l'air qui nous environne, tourne avec nous. — De plus, la terre, par son mouvement annuel, parcourt, à chaque seconde, 6 lieues $\frac{1}{2}$, ou 3 myr. à-peu-près.

ARTICLE XVI.

DES NOUVELLES MESURES.

PAR une nouvelle convention entre les savans, infiniment utile à l'exactitude des nouvelles mesures, le quart du méridien, c'est-à-dire, l'espace qui s'étend de l'équateur au pôle, est divisé en 100 degrés.

En appliquant cette mesure à la circonférence de la terre, on a divisé chaque degré ou *grade* en *dix* parties appelées *myriamètres*.

Chaque myriamètre en *dix* parties appelées *kilomètres*.

Chaque kilomètre en *dix* parties appelées *hectomètres*.

Chaque hectomètre en *dix* parties appelées *décamètres*.

Chaque décamètre en *dix* parties appelées *mètres*.

Le *Mètre*, comparé à nos mesures actuelles, est de la longueur de 3 pieds 11 lignes $\frac{44}{100}$.

L'*hectare* est un hectomètre carré, et répond à une surface de 2632 toises $\frac{45}{100}$: car l'hectomètre a de longueur 51 toises 1 pied 10 pouces 1 ligne 583 millièmes.

Le *myriare* est le kilomètre carré, et c'est cette dernière expression dont on se sert le plus habituellement: elle indique une surface de 263244·93 toises carrées.

TABLE ALPHABÉTIQUE DES DÉPARTEMENS.

Je donne ici pour chaque département le nom du chef-lieu dont j'indique la *longitude* et la *latitude*. Celles marquées d'un astérisque ne sont pas prises dans la connoissance des temps, et sont par conséquent moins sûres. J'y joins les noms des lieux les plus considérables du département que comprend l'article.

DÉPARTEMENS.	CHEFS-LIEUX.	LONGITUDE.				LATITUDE.			pag.
			deg.	m.	s.	deg.	m.	s.	
AIN.	Bourg.	*or.*	2	53	27	46	12	26	42
Aisne *.	Laon.	*or.*	1	17	12	49	33	54	27
Allier.	Moulins.	*or.*	0	59	59	46	34	4	11
Alpes (basses).	Digne.	*or.*	3	54	4	44	5	18	69
Alpes (hautes).	Gap.	*or.*	3	44	47	44	33	37	56
Alpes maritimes.	Nice.	*or.*	4	56	22	43	41	47	70
Ardèche *.	Privas.	*or.*	2	16	0	44	45	0	41
Ardennes *.	Mézières.	*or.*	2	23	12	49	45	47	61
Arriège *.	Foix.	*occ.*	1	19	36	43	54	20	67
Aube.	Troyes.	*or.*	1	44	34	48	18	5	24
Aude.	Carcassonne.	*or.*	0	0	49	43	12	45	54
Aveyron.	Rodez.	*or.*	0	14	17	44	20	59	39
Bouches du Rhône.	Marseille.	*or.*	3	2	0	43	17	49	68
Calvados.	Caën.	*occ.*	2	41	53	49	11	12	29
Cantal.	Aurillac *.	*or.*	0	7	0	44	55	10	39
Charente.	Angoulême.	*occ.*	2	10	59	45	38	57	18
Charente-Infér.	Saintes.	*occ.*	2	57	45	45	44	46	35
Cher.	Bourges.	*or.*	0	3	45	47	4	59	6
Corrèze.	Tulles.	*occ.*	0	33	58	45	16	3	20
Côte-d'Or.	Dijon.	*or.*	2	41	50	47	19	25	23
Côtes du Nord.	Saint-Brieuc.	*occ.*	5	4	10	48	31	2	50
Creuse *.	Guèret.	*occ.*	0	28	0	46	41	0	11

DÉPARTEMENS.	CHEFS-LIEUX.	LONGITUDE.				LATITUDE.			pag.
			deg.	m.	s.	deg.	m.	s.	
Doire *.	Yvrée.	or.	15	25	0	45	12	0	76
Dordogne.	Perigueux.	occ.	1	36	41	45	11	8	37
Doubs.	Besançon.	or.	3	42	4[illegible]	47	14	12	43
Drome.	Valence.	or.	2	33	10	44	55	59	56
Dyle.	Bruxelles.	or.	2	2	0	50	50	59	75
Escaut.	Gand.	or.	1	23	35	51	3	2[illegible]	75
Eure.	Evreux.	occ.	1	11	6	49	1	30	29
Eure et Loir.	Chartres.	occ.	0	50	55	48	26	54	15
Finistère.	Quimper.	occ.	6	26	0	47	58	2[illegible]	65
Forêts.	Luxembourg.	or.	3	49	2[illegible]	49	37	38	63
Gard.	Nîmes.	or.	1	58	3[illegible]	43	50	12	55
Garonne (haute).	Toulouse.	or.	0	53	39	43	35	46	52
Gers.	Auch.	occ.	1	45	4	43	38	3[illegible]	52
Gironde.	Bordeaux.	occ.	2	54	14	44	50	14	36
Golo *.	Bastia.	or.	7	6	30	42	41	56	71
Herault.	Montpellier.	or.	1	32	25	43	36	29	54
Ille et Villaine.	Rennes.	occ.	4	1	2	48	6	50	31
Indre *.	Châteauroux.	occ.	0	38	50	49	12	0	10
Indre et Loire.	Tours.	occ.	1	38	28	47	23	4	16
Isère.	Grenoble.	or.	3	23	34	45	11	42	41
Jemmape *.	Mons.	or.	1	37	0	50	27	0	64
Jura *.	Lons-le Saun.	or.	3	15	0	46	36	0	42
Leman.	Genève.	or	3	48	30	46	12	0	58
Landes *.	Mont-marsan.	occ.	2	50	0	43	54	0	51
Liamone *.	Ajaccio.	or.	6	23	49	41	55	1	72
Loir et Cher.	Blois.	occ.	0	59	59	47	35	20	10
Loire *.	M.-Brisson.	or.	1	42	0	45	32	0	21
Loire (haute).	Le Puy.	or.	1	32	46	45	2	41	40
Loire-Inferieure.	Nantes.	occ.	3	52	59	47	13	6	32
Loiret.	Orleans.	or.	0	25	30	47	54	10	8
Lot.	Cahors.	occ.	0	53	38	44	26	49	39
Lot et Garonne.	Agen.	occ.	1	43	40	44	12	22	38
Lozère.	Mende.	or.	1	9	35	44	31	2	40
Lys.	Bruges.	or.	0	53	28	51	12	40	75
Manche *.	Saint Lô.	occ.	16	32	0	49	7	0	49
Marengo.	Alexandrie.	or.	26	12	30	44	54	3	76
Marne.	Châlons.	or.	2	1	29	48	57	28	46

DÉPARTEMENS.	CHEFS-LIEUX.	LONGITUDE.				LATITUDE.			pag.
			deg.	m.	s.	deg.	m.	s.	
rne (haute).	Chaumont *.	or.	2	26	0	4[illegible]	6	0	45
yenne.	Laval *.	occ.	3	7	0	48	4	0	31
yenne et Loire.	Angers.	occ.	2	53	1[illegible]	47	28	9	33
urthe.	Nancy.	or.	3	50	16	48	41	55	60
euse.	Bar s. Orn *.	or.	2	20	0	40	14	0	46
euse Inférieure.	Maestricht.	or.	3	20	46	50	51	7	74
ont Blanc *.	Chambery *.	or.	3	30	0	45	35	0	57
ont-Tonnerre.	Mayence *.	or.	6	0	0	49	54	0	72
orbihan.	Vannes.	occ.	5	5	19	4[illegible]	39	26	51
oselle.	Metz.	or.	3	50	13	49	7	10	60
ethes (deux).	Anvers.	or.	2	4	4	51	13	22	74
ièvre.	Nevers.	or.	0	49	16	46	59	17	11
ord *.	Lille.	[illegible]	0	44	16	50	37	50	48
ise.	Beauvais.	occ.	0	15	19	49	26	0	25
rne.	Alençon *.	occ.	2	15	0	48	25	0	30
urthe.	Liège.	or.	3	11	17	50	39	22	74
as de-Calais.	Arras.	or.	0	25	41	50	17	37	48
ô.	Turin.	or.	5	20	0	4[illegible]	4	14	77
uy-de-Dôme.	Clermont.	or.	0	45	2	45	46	44	20
yrenn. (basses).	Pau *.	occ.	2	14	0	4[illegible]	15	0	66
yrenn. (hautes).	Tarbes.	occ.	2	16	1	43	13	52	66
yrennées orient.	Perpignan.	or.	0	33	33	42	41	53	67
hin (bas).	Strasbourg.	or.	5	24	36	48	34	56	59
hin (haut).	Colmar *.	or.	5	2	11	48	4	44	59
Rhin et Moselle.	Coblentz *.	or.	5	8	6	[illegible]0	24	0	73
Rhône.	Lyon.	or.	2	29	9	45	45	52	22
Roer.	Aix-la-Ch *.	or.	3	55	0	51	15	0	73
Sambre et Meuse.	Namur.	or.	2	30	52	50	28	3	64
Saône (haute) *.	Vesoul.	or.	3	49	39	47	37	50	43
Saône et Loire.	Mâcon.	or.	2	29	53	46	18	2[illegible]	22
Sarre.	Trèves.	or.	4	18	5	49	46	37	72
Sarthe.	Le Mans.	occ.	2	8	11	43	0	3[illegible]	15
Seine.	Paris.	occ.	0	0	0	48	50	15	13
Seine et Marne.	Melun *.	or.	0	16	0	48	33	0	24
Seine et Oise.	Versailles.	occ.	0	12	53	48	48	21	14
Seine-Inférieure.	Rouen.	occ.	1	14	16	49	26	27	28
Sésia *.	Verceil.	or.	15	49	0	45	31	0	77

DÉPARTEMENS.	CHEFS-LIEUX.	LONGITUDE.				LATITUDE.			pag.
			deg.	m.	s.	deg.	m.	s.	
Sèvres (deux).	Niort. *	*occ.*	2	47	29	46	20	8	[illegible]
Somme.	Amiens.	*or.*	0	2	3	49	53	43	[illegible]
Sture *.	Coni.	*or.*	5	20	0	44	25	0	[illegible]
Tanaro *.	Asti.	*or.*	5	50	0	44	50	0	[illegible]
Tarn.	Albi	*occ.*	0	11	42	43	55	36	[illegible]
Var *.	Dragnignan.	*or.*	4	14	0	43	34	0	[illegible]
Vaucluse.	Avignon.	*or.*	2	28	10	43	56	58	[illegible]
Vendee.	Font.-le-P. *	*occ.*	4	51	0	46	30	0	[illegible]
Vienne.	Poitiers.	*occ.*	1	59	12	46	34	50	[illegible]
Vienne (haute).	Limoges.	*occ.*	1	4	7	45	49	44	[illegible]
Vosges.	Epinal. *	*or.*	1	14	0	48	22	0	[illegible]
Yonne.	Auxerre.	*or.*	1	14	6	47	47	57	[illegible]

TABLE DES ARTICLES.

TABLE ALPHABÉTIQUE

Des trois mille cinq cent huit Chefs-lieux de cantons, avec les noms des Départemens auxquels ils appartiennent.

Chefs-lieux.	*Départ.*
ABBEVILLE.	Somme.
Achel.	Meuse-Infér.
Acheux.	Somme.
Acous.	Basses-Pyrén.
Acqui.	Tanaro.
Aerschot.	Dyle.
Agde.	Hérault.
Agen.	Lot et Garonne.
Agnona.	Sésia.
Ahrweiller.	Rhin et Moselle.
Ahun.	Creuse
Aignan.	Gers.
Aignay-côte-d'Or.	Côte d'Or.
Aigre.	Charente.
Aigrefeuille.	Loire-Inf.
Aigrefeuille.	Char.-Inf.
Aiguebelle.	Mont Blanc.
Aigue-Perse.	Puy-de-Dôme.
Aigues-Mortes.	Gard.
Aiguilles.	Haut.-Alpes.
Aigurande.	Indre.
Aillant-sur-Tholon.	Yonn.
Ailly le Haut Clocher.	Somme.
Ailly-sur-Noye.	Somme.
Aire.	Pas-de-Calais.
Aire.	Landes.
Airvault.	Deux-Sèvres.
Aix.	Bouches-du-Rhône.
Aix.	Mont-Blanc.
Aix-d'Aiguillon. (les)	Cher.
Aix-sur-Othe.	Aube.
Aix-la-Chapelle.	Roër.
Aixe.	Haute-Vienne.
Ajaccio.	Liamone.
Alaigne.	Aude.
Alais.	Gard.
Alba.	Tanaro.
Alban.	Tarn.
Albert.	Somme.
Alberstroff.	Meurthe.
Albi.	Tarn.
Aldenau.	Rhin et Moselle.
Alençon.	Orne.
Alesani.	Golo.
Alexandrie.	Marengo.
Allaire.	Morbihan.
Allanches.	Cantal.
Allègre.	Haute-Loire.
Allevard.	Isère.
Allos.	Basses-Alpes.
Alost.	Escaut.
Altkirch.	Haut Rhin.
Alzey.	Mont-Tonnerre.
Alzon.	Gard.
Alzonne.	Aude.

Amance. – Haute-Saône.
Amancey. – Doubs.
Ambazac. – Haut.-Vienne.
Ambérieux. – Ain.
Ambert. – Puy-de Dôme.
Amboise. – Indre et Loire.
Ambrières. – Mayenne.
Amiens. – Somme.
Amon. – Landes.
Ampugnani. – Golo.
Ancenis. – Loire-Infér.
Ancerville. – Meuse.
Ancy-le-Franc. – Yonne.
Andelot – Haute-Marne.
Andelys (les) – Eure.
Andenne. – Sambre et Meuse.
Anderlecht. – Dyle.
Andernach. – Rh. et Mos.
Andolsheim. – H.-Rhin.
Anduze. – Gard.
Anet. – Eure et Loir.
Angers. – Maine et Loire.
Angles. – Tarn.
Anglure. – Marne.
Angoulême. – Charente.
Aniane. – Hérault.
Anizy-le-Chât. – Aisne.
Anneau. – Eure et Loire.
Annecy. – Mont-Blanc.
Annonay. – Ardèche.
Annot. – Basses-Alpes.
Annweiler. – Mont-Tonn.
Anse. – Rhône.
Antibes. – Var.
Antoing. – Jemmappe.
Antraignes. – Ardèche.
Antrain. – Ille et Villaine.
Anvers. – Deux-Nèthes.
Aoste. – Doire.
Aspres-les-Veyne. – Hautes-Alpes.
Apt. – Vaucluse.
Aramits. – Basses-Pyrén.
Aramon. – Gard.
Arbois. – Jura.
Arbresle (l') – Rhône.
Arc-en Burois. – H.-Marn.
Archiac. – Charente-Infér.
Arcis-sur-Aube. – Aube.
Ardes. – Puy-de-Dôme.
Ardoye. – Lys.
Arendonck. – Deux-Nèth.
Argelès. – Haut.-Pyrén.
Argelès. – Pyrén.-Orient.
Argent. – Cher.
Argental. – Corrèze.
Argentan. – Orne.
Argenteuil. – Seine et Oise.
Argenton. – Indre.
Argenton-le-Chât. – Deux-Sèvres.
Argentré. – Mayenne.
Argentré. – Ille et Vilaine.
Argine. – Marengo.
Argueil. – Seine-Infér.
Arinthod. – Jura.
Arjuzaux. – Landes.
Arlant. – Puy-de-Dôme.
Arles. – Bouches du Rhône.
Arleux. – Nord.
Arlon. – Forêts.
Armentières. – Nord.
Arnay-sur-Arroux. – Côte d'Or.
Arneval. – Sarre.
Arpajon. – Seine et Oise.
Arques. – Aude.
Arras. – Pas de Calais.
Arreau. – Hautes.-Pyrén.
Arthès. – Basses-Pyrén.
Artzfeld. – Forêts.
Arudy. – Basses-Pyrén.
Arvert. – Charente-Infér.

Arzacq. – Basses-Pyrén.
Arzano. – Finistère.
Asfeld. – Ardennes.
Aspet. – Haute-Garonne.
Aspremont. – Alpes-Marit.
Asprières. – Aveyron.
Assche. – Dyle.
Assenède. – Escaut.
Astafort. – Lot et Garonne.
Asti. – Tanaro.
Ath. – Jemmappe.
Athis – Orne.
Attichy. – Oise.
Attigny. – Ardennes.
Auban. – Var.
Aubarède. – Hautes-Pyr.
Aubel. – Ourthe.
Aubenas. – Ardèche.
Aubenton. – Aine.
Auberive. – Haute-Marne.
Aubeterre. – Charente.
Aubigny. – Pas-de-Calais.
Aubigny. – Cher.
Aubusson. – Creuse.
Auch. – Gers.
Aucun. – Hautes-Pyrén.
Audenaerde. – Escaut.
Audenge. – Gironde.
Audeux. – Doubs.
Audincourt. – H.-Rhin.
Audruick. – Pas-de-Calais.
Audun-le-Roman. – Mos.
Aulnay. – Charente-Infér.
Ault. – Somme.
Aumale. - Seine-Infér.
Aumont. – Lozère.
Aunay. – Calvados.
Auneuil. – Oise.
Aups. – Var.
Auray. – Morbihan.
Aurignac. – H.-Garonne.
Aurillac. – Cantal.
Auros. – Gironde.
Auterive. – H.-Garonne.
Authon. – Eure et Loir.
Autrey. – Haute-Saône.
Autun. – Saône et Loire.
Auvillard. – Lot et Gar.
Auxerre. – Yonne.
Auxonne. – Côte-d'Or.
Auxy-la-Réunion. – Pas-de-Calais.
Auzances. – Creuse.
Auzoir-le-Marché. – Loir et Cher.
Auzon. – Haute-Loire.
Availles. – Vienne.
Avallon. – Yonne.
Avelghem. – Lys.
Avenne. – Ourthe.
Avesne. – Pas-de-Calais.
Avesne. – Nord.
Avignon. – Vaucluse.
Avilliane. – Pô.
Avize. – Marne.
Avranches. – Manche.
Ax. – Arriège.
Axel. – Escaut.
Ay. – Marne.
Ayen. – Corrèze.
Azay-le-Rideau. – Indre et Loire.

B.

Baccarat. – Meurthe.
Bacharach. – Rhin et Moselle.
Bacqueville. – Seine-Infér.
Bagé-le-Châtel. – Ain.
Bagnères. – Hautes-Pyr.
Bagnères. – Haute-Gar.
Bagnols. – Gard.
Baignes. – Charente.

Baigneux. – Côte-d'Or.
Bailleul. – Nord.
Bailleul-le-Soc. – Oise.
Bain. – Ille et Villaine.
Bains. – Vosges.
Bayonne. – Basses Pyrén.
Balleroy. – Calvados.
Ballon. – Sarthe.
Bannalec. – Finistère.
Banon. – Basses-Alpes.
Bapeaume. – Pas-de-Calais.
Bar. – Var.
Bar-sur-Aube. – Aube.
Bar-sur-Ornain. – Meuse.
Bar-sur-Seine. – Aube.
Barbezieux. – Charente.
Barcelonette. – Basses-Alp.
Barcelonette de Vitrolle. – Basses-Alpes.
Bardonèche. – Pô.
Barenton. – Manche.
Barge. – Sture.
Barjac. – Gard.
Barjols. – Var.
Barneville. – Manche.
Barr. – Bas-Rhin.
Barre. – Lozère.
Barrême. – Basses-Alpes.
Barthe (la). – Hautes-Pyr.
Bas. – Haute-Loire.
Bascharage. – Forêts.
Bassée (la). – Nord.
Bastia. – Golo.
Bastide (la). – Lot.
Bastide-Clérence (la) – Basses-Pyrén.
Bastide-Séron (la). – Arri.
Bastogne. – Forêts.
Baud – Morbihan.
Baugé. – Maine et Loire.
Baugy. – Cher.
Baume. – Doubs.
Baumholder. – Sarre.
Bausset. – Var.
Bavay. – Nord.
Bayeux. – Calvados.
Bayon. – Meurthe.
Bays. – Mayenne.
Bazas. – Gironde.
Bazoches-les-Gallerandes. Loiret.
Bazoches-sur-Hoesne. – Orne.
Beaucaire. – Gard.
Beaufort. – Maine et Loire.
Beaufort. – Mont-Blanc.
Beaugency. – Loiret.
Beaujeu. – Rhône.
Beaulieu. – Corrèze.
Beaumes. – Vaucluse.
Beaumesnil. – Eure.
Beaumetz. – Pas-de-Calais.
Beaumont. – Dordogne.
Beaumont. – H. Garonne.
Beaumont. – Jemmape.
Beaumont. – Manche.
Beaumont-le-Roger. – Eure.
Beaumont-sur-Sarthe. – Sarthe.
Beaune. – Côte-d'Or.
Beaune. – Loiret.
Beaupréau. – Maine et Loir.
Beauraing. – Sambre et M.
Beaurepaire. – Saône et L.
Beaurepaire. – Isère.
Beauvais. – Oise.
Beauville. – Lot et Garonn.
Beauvoir. – Vendée.
Beauvoir-sur-Niort. – Deux-Sèvres.
Becherel. – Ille et Vill.
Bechtheim. – Mont-Tonn.
Bedarides. – Vaucluse.
Bédarieux. – Hérault.

Béfort. – Haut-Rhin.
Bégard. – Côtes du Nord.
Beine. – Marne.
Belcaire. – Aude.
Bélesme. – Orne.
Belin. – Gironde.
Bellabre. – Indre.
Bellac. – Haute-Vienne.
Belledéfense. – Côte-d'Or.
Bellegarde. – Loiret.
Bellegarde-St.-Sylvain. – Creuse.
Belle-Ile-en-Terre. – Côte du Nord.
Belle-Ile-en-Mer. – Morb.
Bellencombre. – Seine-Inf.
Belleville. – Rhône.
Bellevue-les-Bains. – Saône et Loire.
Belley. – Ain.
Belmont. – Loire.
Belmont. – Aveyron.
Belpech. – Aude.
Belvès. – Dordogne.
Belz. – Morbihan.
Bene. – Sture.
Benevent. – Creuse.
Benfelden. – Bas-Rhin.
Benigno (saint). – Doire.
Beny-Bocage (le). – Calv.
Bergerac. – Dordogne.
Bergheim. – Roër.
Bergues. – Nord.
Bergzabern. – Bas-Rhin.
Berlaymont. – Nord.
Bernaville. – Somme.
Bernay. – Eure.
Berncastel. – Sarre.
Berre. – Bouches du Rhôn.
Berringen. – Meuse-Infér.
Berlincourt. – Pas-de-Cal.
Besançon. – Doubs.
Besse. – Var.
Besse. – Puy-de-Dôme.
Bessines. – Haute-Vienne.
Béthune. – Pas-de-Calais.
Bettembourg. – Forêts.
Betz. – Oise.
Betzdorff. – Forêts.
Beuil. – Alpes-Maritimes.
Beuzeville. – Eure.
Beveren. – Escaut.
Beynat. – Corrèze.
Béziers. – Hérault.
Bidache. – Basses-Pyrén.
Bielle. – Sésia.
Bienne. – Haut-Rhin.
Bierné. – Mayenne.
Billon. – Puy-de-Dôme.
Bilsen. – Meuse-Infér.
Binch. – Jemmape.
Bingen. – Mont.-Tonnerr.
Biolle (la). – Mont-Blanc.
Biollio. – Sésia.
Birkenfeld. – Sarre.
Bischwiler. – Bas-Rhin.
Bitche. – Moselle.
Bittbourg. – Forêts.
Bivinco. – Golo.
Blain. – Loire-Inférieure.
Blamont. – Meurthe.
Blamont. – Doubs.
Blanc (le). – Indre.
Blanckenheim. – Sarre.
Blangy. – Seine-Inférieure.
Blangy. – Calvados.
Blanquefort. – Gironde.
Blanzac. – Charente.
Blaye. – Gironde.
Blenau. – Yonne.
Bléré. – Indre et Loire.
Blesle. – Haute-Loire.
Bletterand. – Jura.
Bleymard. – Lozère.

Bliescastel. – Sarre.
Bligny-sur-Ouche. – Côte-d'Or.
Blois. – Loir et Cher.
Bobbio. – Marengo.
Bodegnee. – Ourthe.
Boën. – Loire.
Bohain. – Aisne.
Bois d'Oingt. – Rhône.
Boissy-St.-Leger. – Seine et Oise.
Bolbec. – Seine-Inférieure.
Bollené. – Vaucluse.
Bonaye. – Loire-Inférieure.
Bonifacio. – Liamone.
Bonn. – Rhin et Moselle.
Bonnat. – Creuse.
Bonnetable. – Sarthe.
Bonneval. – Eure et Loire.
Bonneville. – Léman.
Bonnières. – Seine et Oise.
Bonnieux. – Vaucluse.
Boom. – Deux-Nèthes.
Boos. – Seine-Inférieure.
Boppard. – Rhin et Mosell.
Borcette. – Roër.
Bordeaux. – Gironde.
Bordère. – Hautes-Pyrén.
Borgo-Saint-Dalmazzo. – Sture.
Bort. – Corrèze.
Bosco. – Marengo.
Botoha. – Côtes du Nord.
Bouchain. – Nord.
Bouchoux. – Jura.
Boves. – Sture.
Bouglon. – Lot et Garonn.
Bouillon. – Ardennes.
Bouilly. – Aube.
Boulay. – Moselle.
Boulogne. – Pas de-Calais.
Boulogne. – Haute-Gar.
Bouloire. – Sarthe.
Bourbonne. – Haute-Marn.
Bourbourg. – Nord.
Bourbriac. – Côtes du N.
Bourdeaux. – Drôme.
Bourg. – Gironde.
Bourg. – Ain.
Bourganeuf. – Creuse.
Bourg-Argental. – Loire.
Bourg de-Péage. – Drôme.
Bourg-de-Viza. – Lot.
Bourg-d'Oisans. – Isère.
Bourg-Lastiq. – Puy-de-D.
Bourg-Maurice. – M.-Bl.
Bourgneuf. – Loire-Infér.
Bourges. – Cher.
Bourgogne. – Marne.
Bourgoing. – Isère.
Bourgthéroude. – Eure.
Bourg-St.-Andéol. – Ardèche.
Bourguebus. – Calvados.
Bourgeuil. – Indre et Loire.
Bourmont. – Haute-Marne.
Boussac. – Creuse.
Boussière. – Doubs.
Boussu. – Jemmape.
Bouxwiller. – Bas-Rhin.
Bouzonville. – Moselle.
Bouzouls. – Aveyron.
Bozzolasco. – Tanaro.
Bra. – Tanaro.
Bracht. – Roër.
Bracieux. – Loir et Cher.
Braine. – Aisne.
Branne. – Gironde.
Branthome. – Dordogne.
Brassac. – Tarn.
Bray. – Somme.
Bray-sur-Seine. – Seine et Marne.
Brecey. – Manche.

Brecht. – Deux-Nèthes.
Brède (la). – Gironde.
Brée. – Meuse-Inférieure.
Bréhal. – Manche.
Brenod. – Ain.
Bressuire. – Deux-Sèvres.
Brest. – Finistère.
Bretenoux. – Lot.
Breteuil. – Oise.
Breteuil. – Eure.
Bretteville-Saint-Laize. – Calvados.
Brezolles. – Eure et Loire.
Briançon. – Hautes-Alpes.
Briare. – Loiret.
Bricherasio. – Pô.
Brié-sur-Hières. – Seine et Marne.
Briec. – Finistère.
Brienne-le-Chât. – Aube.
Briey. – Moselle.
Briga. – Alpes-Maritimes.
Brignolles. – Var.
Brinon. – Yonne.
Brinon-les-Allem. – Nièvre.
Briollay. – Maine et Loire.
Brionne. – Eure.
Brioude. – Haute-Loire.
Brioux. – Deux-Sèvres.
Briouze. – Orne.
Briquebec. – Manche.
Brives. – Corrèze.
Bron. – Eure et Loire.
Broni. – Marengo.
Broons. – Côtes-du-Nord.
Brossac. – Charente.
Brouvelieures. – Vosges.
Bruges. – Lys.
Bruguière. (la) – Tarn.
Bruhl. – Roër.
Brulon. – Sarthe.
Brumath. – Bas-Rhin.
Bruxelles. – Dyle.
Bruyères. – Vosges.
Buchy. – Seine-Inférieure.
Budelich. – Sarre.
Bugeat. – Corrèze.
Bugue. – Dordogne.
Buis. (le) – Drôme.
Bulgnéville. – Vosges.
Burge-les-Bains. – Allier.
Burie. – Charente-Infér.
Buronzo. – Sésia.
Burzet. – Ardèche.
Busca. – Sture.
Bussière-Badil. – Dordog.
Bussolin. – Pô.
Buxy. – Saône et Loire.
Buzançais. – Indre.
Buzancy. – Ardennes.

C.

Cabanes (les) – Arriège.
Caccia. – Golo.
Cacciorna. – Sésia.
Cadalen. – Tarn.
Cadenet. – Vaucluse.
Cadilhac. – Gironde.
Cadouin. – Dordogne.
Cadours. – Haute-Garon.
Caen. – Calvados.
Cahors. – Lot.
Cailar. – Hérault.
Cairo. – Sture.
Cajar. – Lot.
Calais. – Pas-de-Calais.
Calcar. – Roër.
Callac. – Côtes-du-Nord.
Callas. – Var.
Caluso. – Doire.
Calvi. – Golo.
Camares. – Aveyron.
Cambray. – Nord.

Cambremer. – Calvados.
Cambrin. – Pas-de-Calais.
Campagnac. – Aveyron.
Campagne. – Pas-de-Cal.
Campan. – Hautes-Pyrén.
Campoloro. – Golo.
Canale. – Golo.
Canale. Tanaro.
Cancale. – Ille et Vilaine.
Cancon. – Lot et Garonne.
Candé. – Maine et Loire.
Candel. – Bas-Rhin.
Candelo. – Sésia.
Candia. – Doire.
Canelli. – Tanaro.
Canisy. – Manche.
Canourgne (la). – Losère.
Cany. – Seine-Inférieure.
Capelle. (la) – Aisne.
Capelle-Marival. (la).–Lot.
Capestang. – Hérault.
Cap-Bianco. – Golo.
Cappendu. – Aude.
Capricke. – Escaut.
Captieux. – Gironde.
Caralio. – Sture.
Caraman. – Haute-Garon.
Caravin. – Doire.
Carbini. – Liamone.
Cabonblanc. – Gironde.
Carbonne. – Haute-Gar.
Carcassonne. – Aude.
Carentan. – Manche.
Carentoir. – Morbihan.
Carhaix. – Finistère.
Carignan. – Ardennes.
Carignan. – Pô.
Carlux. – Dordogne.
Carmagnole. – Pô.
Carmères – Nord.
Carouge. – Léman.
Carpentras. – Vaucluse.
Carquefou. – Loire-Infér.
Carrouges. – Orne.
Carru. – Sture.
Carvin-Espinoi. – Pas-de-Calais.
Casacconi. – Golo.
Casal. – Marengo.
Casalborgone. – Pô.
Cascine. – Marengo.
Caselle. – Pô.
Casinca. – Golo.
Cassagne-Bégonhez. – Aveyron.
Cassel. – Nord.
Castanet. – Haute Garon.
Casteggio. – Marengo.
Castel-Jaloux. – Lot et G.
Castellamont. – Doire.
Castellane. – Basses-Alpes.
Castellaun. – Rhin et Mosel.
Castellazzo. – Marengo.
Castelmoron. – Lot et Gar.
Castelnau. – Lot.
Castelnaudary. – Aude.
Castelnau-de-Médoc. –Gir.
Castelnau-Magnoac. – Hautes-Pyrénées.
Castelnau-Riv.-basse. – H.-Pyrénées.
Castel-Novo. – Tanaro.
Castel-Novo. – Marengo.
Castelletto-d'Orba. –Tana.
Castel-Sarazin. – H.-Gar.
Castets. – Landes.
Castillon. – Gironde.
Castillon. – Arriège.
Castillonès. – Lot et Gar.
Castres. – Tarn.
Castries. – Hérault.
Catelet (le). – Aisne.
Catteau (le). – Nord.
Cattenom. – Moselle.

Catus. – Lot.
Caumon. – Calvados.
Caune (la). – Tarn.
Caussade. – Lot.
Cavaillon. – Vaucluse.
Cavalia. – Sésia.
Cavaller-Maggior. – Sture.
Cavour. – Pô.
Caylux. – Lot.
Cayres. – Haute Loire.
Cazals. – Lot.
Cazaubon. – Gers.
Cazerès. – Haute-Garonne.
Ceizériat. – Ain.
Celavo. – Liamone.
Celle. – Deux-Sèvres.
Celles. – Jemmape.
Cantal. – Sture.
Cerès. – Pô.
Ceret. – Pyrénées-Orient.
Cerilly. – Allier.
Cerisay. – Deux-Sèvres.
Cérisiers. – Yonne.
Cerisy-Lasalle. – Manche.
Cernay. – Haut Rhin.
Césane. – Pô.
Cette. – Hérault.
Ceva. – Sture.
Chabanois. – Charente.
Chabeuil. – Drôme.
Chablis. – Yonne.
Chagny. – Saône et Loire.
Chailard (le). – Ardèche.
Chailland. – Mayenne.
Chaillé-les-Marais. – Vend.
Chaise-Dieu. – H.-Loire.
Chalabre. – Aude.
Chalais. – Charente.
Chalamont. – Ain.
Chalans. – Vendée.
Chalonnes. – Maine et L.
Châlons-sur-Marne. – Mar.
Châlons-sur-Saône. – Saône et Loire.
Chalus. – Haute-Vienne.
Chambéry. – Mont-Blanc.
Chambon. – Creuse.
Chambon (le). – Loire.
Chambre (la). – Mont-Bl.
Chambrois. – Eure.
Chamonix. – Leman.
Champagnac-du-Bel-Air. – Dordogne.
Champagne. – Ain.
Champagne-Mouton. – Charente.
Champagney. – H.-Saône.
Champagnole. – Jura.
Champ-deniers. – D.-Sèv.
Champeix. – Puy-de-Dôm.
Champlitte. – Haute-Saôn.
Champs. – Cantal.
Champtoceaux. – Maine et Loire.
Chanac. – Lozère.
Chantelle-le-Château. – Allier.
Chantonay. – Vendée.
Chaource. – Aube.
Chapelle d'Angillon (la). – Cher.
Chapelle de Guinchay (la). – Saône et Loire.
Chapelle-Egalité (la). – Seine et Marne.
Chapelle-en-Vercors (la). – Drôme.
Chapelle-sur-Erdre (la). Loire-Infér.
Charenton. – Cher.
Charenton. – Seine.
Charité (la) Nièvre.
Charleroi. – Jemmape.
Charleville. – Ardennes.

Charlieu. – Loire.
Charmes. – Vosges.
Charny. – Yonne.
Charny. – Meuse.
Charolles. – Saône et Loire.
Charost. – Cher.
Charroux. – Vienne.
Chartres. – Eure et Loir.
Château-Bourg. – Ile et V.
Château-Briant. – Loire-I.
Château-Chinon. – Nièvre.
Château d'Oléron. – Charente-Infér.
Château du Loir. – Sarthe.
Château-Dun. – Eure et L.
Château-Giron. – Ile et V.
Château-Gonthier. – May.
Château-Landon. – Seine et Marne.
Château-la-Vallière. – Indre et Loire.
Châteaulin. – Finistère.
Château-Meillant. – Cher.
Château-Neuf. – Charente.
Château-Neuf. – Eure et L.
Château-Neuf. – Haute-V.
Château-Neuf. – Loiret.
Château-Neuf. – Cher.
Château-Neuf. – Ile et V.
Château-Neuf. – Maine et L.
Château-Neuf du Faon. – Finistère.
Chateau-Neuf-Randon. – Lozère.
Château-Poinsac. – Haute-Vienne.
Château-Portien. – Ard.
Château-Renard. – Loiret.
Château-Renard. – Bouches-du-Rhône.
Château-Renault. – Indre et Loire.
Château-Roux. – Indre.
Château-Salins. – Meurthe.
Château-Thierry. – Aisne.
Châteigneraye (la). – Vend.
Châtel. – Vosges.
Châtelard. – Mont-Blanc.
Châtelaudren. – Côtes du Nord.
Châteldon. – Puy-de-Dôm.
Châtelet. – Cher.
Châtelet (le). – Seine et M.
Châtellerault. – Vienne.
Châtelux. – Creuse.
Châtenois. – Vosges.
Châtillon. – Indre.
Châtillon. – Côte-d'Or.
Châtillon. – Drôme.
Châtillon. – Marne.
Châtillon. – Doire.
Châtillon de Michailles. – Ain.
Châtillon-en-Bazois. – Nièvre.
Châtillon-sur-Chalaronne. Ain.
Châtillon-sur-Loing. – Loiret.
Châtillon-sur-Loire. – Loiret.
Châtillon-sur-Sèvres. – Deux-Sèvres.
Châtre (la). – Sarthe.
Châtre (la). – Indre.
Chaudes-Aigues. – Cantal.
Chauffailles. – Saône et L.
Chaulnes. – Somme.
Chaumergy. – Jura.
Chaumont. – Oise.
Chaumont. – Haute-Marn.
Chaumont. – Ardennes.
Chaumont-sur-Tharonne. – Loir et Cher.

Chauny. – Aisne.
Chaussin. – Jura.
Chauvigny. – Vienne.
Chevanges. – Aube.
Chazelles - sur - Lyon. – Loire.
Checy. – Loiret.
Chef Boutone. – Deux-S.
Chemille. – Maine et L.
Chemin. – Jura.
Chenay. – Deux-Sèvres.
Chêne (le). – Ardennes.
Chenerailles. – Creuse.
Cherasco. – Sture.
Cherbourg. – Manche.
Chesne-Thonex. – Léman.
Chevagnes. – Allier.
Chevillon. – Haute-Marne.
Chevreuse. – Seine et Oise.
Chezy-sur-Marne. – Aisne.
Chieri. – Pô.
Chiaveran. – Doire.
Chièvres. – Jemmape.
Chignac (S. Pierre de). – Dordogne.
Chimay. – Jemmape.
Chinon. – Indre et Loire.
Chirac. – Lozère.
Chivas. – Doire.
Cholet. – Maine et Loire.
Chomerac. – Ardèche.
Chorges. – Hautes-Alpes.
Cigliano. – Sésia.
Ciney. – Sambre et Meuse.
Cintegabelle. – Haut-Gar.
Ciotat (la). – Bouch. du R.
Cirié. – Pô.
Civray. – Vienne.
Clairvaux. – Jura.
Clamecy. – Nièvre.
Clarac. – Basses-Pyrén.
Charel. – Hérault.
Clary. – Nord.
Claye. – Seine et Marne.
Clayette (la). – Saône et I.
Clemont. – Haute-Marne.
Clegnerec. – Morbihan.
Clelles. – Isère.
Clères. – Seine-Inférieure.
Clermont. – Oise.
Clermont. – Puy-de-Dôm.
Clermont. – Hérault.
Clermont. – Meuse.
Clerval. – Doubs.
Clervaux. – Forêts.
Clery (N. D. de). – Loiret.
Clèves. – Roër.
Clisson. – Loire-Infér.
Cloye. – Eure et Loire.
Cluny. – Saône et Loire.
Cluses. – Léman.
Coasina. – Liamone.
Coblentz. – Rhin et Mosell.
Cocconato. – Tanaro.
Cocheim. – Rhin et Mos.
Codevilla. – Marengo.
Cognac. – Charente.
Coligny. – Ain.
Colinée. – Côtes du Nord.
Collobrières. – Var.
Collonge. – Léman.
Colmar. – Haut-Rhin.
Colmars. – Basses-Alpes.
Cologne. – Roër.
Cologne. – Gers.
Colombey. – Meurthe.
Combeau - Fontaine. – Haute-Saône.
Combles. – Somme.
Combourg. – Ille et Vilain.
Combrondes. – Puy-de-D.
Commercy. – Meuse.
Compiègne. – Oise.
Comps. – Var.

Concarneau. – Finistère.
Conches. – Eure.
Condé. – Aisne.
Condé-sur-Noireau. – Cal.
Condom. – Gers.
Conflans. – Moselle.
Conflans. – Mont-Blanc.
Confolens. – Charente.
Coni. – Sture.
Conlie. – Sarthe.
Conliège. – Jura.
Conques. – Aude.
Conquet. – Aveyron.
Contres. – Loire et Cher.
Contwig. – Mont-Tonn.
Conty. – Somme.
Contz. – Sarre.
Corbeil. – Seine et Oise.
Corbie. – Somme.
Corbigny. – Nièvre.
Corcieux. – Vosges.
Cordes. – Tarn.
Corio. – Pô.
Corlay. – Côtes du Nord.
Cormeilles. – Eure.
Cornimont. – Vosges.
Cornus. – Aveyron.
Corps. – Isère.
Corrèze. – Corrèze.
Corte. – Golo.
Cortemeglia. – Tanaro.
Cosne. – Nièvre.
Cossato. – Sésia.
Cossé-le-Vivien. – Mayenn.
Costera. – Golo.
Costigliole. – Tanaro.
Costigliole. – Sture.
Côte-S.-André (la). – Isèr.
Cotignac. – Var.
Couches. – Saône et Loire.
Couconron. – Ardèche.
Coucy-le-Château. – Aisne.
Coudray-S.-Germ. – Oise.
Couhé. – Vienne.
Coulange-la-Vineuse. – Yonne.
Coulange-sur-Yonne. – Yonne.
Coulibœuf. – Calvados.
Coulommiers. – Seine et M.
Coulonges. – Deux-Sèvres.
Couptrin. – Mayenne.
Courçon. – Yonne.
Courpierre. – Puy-de-D.
Coursan. – Aude.
Coursegonles. – Var.
Courson. – Charente-Inf.
Courtelary. – Haut-Rhin.
Courtenay. – Loiret.
Courtine. – Creuse.
Courtomer. – Orne.
Courtray. – Lys.
Courville. – Eure et Loir.
Cousage. – Jura.
Cousel. – Sarre.
Coussey. – Vosges.
Coutances. – Manche.
Coutras. – Gironde.
Couvin. – Ardennes.
Cozès. – Charente-Infér.
Cranenbourg. – Roër.
Craon. – Mayenne.
Craonne. – Aisne.
Craponne. – Haute-Loire.
Crécy. – Somme.
Crécy. – Seine et Marne.
Crécy-sur-Serre. – Aisne.
Creil. – Oise.
Crémieu. – Isère.
Créon. – Gironde.
Crescentino. – Sésia.
Crespy. – Oise.
Crest. – Drôme.
Creuilly. – Calvados.

Creustznach.

Creutznach. – Rhin et M.
Crevacore. – Sésia.
Crevecœur. – Oise.
Creveldt. – Roër.
Criquetot-Lesneval. – Seine-Infér.
Crocq. – Creuse.
Croisic (le). – Loire-Inf.
Croisilles. – Pas de-Calais.
Cronenbourg. – Ourthe.
Crozon. – Finistère.
Cruys-Hantem. – Escaut.
Cruzini. – Liamone.
Cuers. – Var.
Cuizeaux. – Saône et Loire.
Cuizery – Saône et Loire.
Cumiana. – Pô.
Cunèges. – Dordogne.
Cunlhat. – Puy-de-Dôme.
Cuorgné. – Doire.
Cuq-Toulza. – Tarn.
Curza. – Golo.
Cusset. – Allier.

D.

Dahn. – Bas Rhin.
Dalhem. – Ourthe.
Damazan. – Lot et Gar.
Damian (S.). – Sture.
Dammartin. – Seine et M.
Dammartin-sur-Yèvre. – Marne.
Dampierre. – Jura.
Dampierre. – Haute Saôn.
Damville. – Eure.
Damvillers. – Meuse.
Dangé. – Vienne.
Dannemarie. – Haut-Rhin.
Daoulas. – Finistère.
Darney. – Vosges.
Daun. – Sarre.
Dax. – Landes.
Decize. – Nièvre.
Dego. – Tanaro.
Delémont. – Haut Rhin.
Delle. – Haut Rhin.
Delme. – Meurthe.
Demonte. – Sture.
Dernetal. – Seine-Infér.
Derval. – Loire Infer.
Desvres. – Pas de Calais.
Deux-Ponts. – Mont Ton.
Deynse. – Escaut.
Dhuy. – Sambre et Meuse.
Die. – Drôme.
Dieckirch. – Forêts.
Dieppe. – Seine-Infér.
Diest. – Dyle.
Dieulefit. – Drôme.
Dieuze. – Meurthe.
Digne. – Basses-Alpes.
Digoin. – Saône et Loire.
Dijon. – Côte d'or.
Dinan. – Côtes-du-Nord.
Dinant. – Sambre et M.
Dives. – Calvados.
Dixmude. – Lys.
Dol. – Ille et Vilaine.
Dôle. – Jura.
Doliani. – Sture.
Domart. – Somme.
Domène. – Isère.
Domèvre. – Meurthe.
Domfront. – Orne.
Domiano. (S.) – Tanaro.
Domme. – Dordogne.
Dompaire. – Vosges.
Dompierre. – Allier.
Donaz. – Doire.
Donjeux. – Haute-Marne.
Donjon (le). – Allier.
Donnemarie. – Seine et M.
Donzenac. – Corrèze.

Dorat. – Haute-Vienne.
Dormagen. – Roër.
Dormans. – Marne.
Dorné. – Nièvre.
Douai. – Nord.
Douarnenez. – Finistère.
Doudeville. – Seine-Infér.
Doué. – Maine et Loire.
Doulevent. – Haute-Marne.
Doulens. – Somme.
Dour. – Jemmape.
Dourdan. – Seine et Oise.
Dourgne. – Tarn.
Douvaine. – Léman.
Douvres. – Calvados.
Douzy. – Nièvre.
Draguignan. – Var.
Dreux. – Eure et Loire.
Dronero. – Sture.
Droué. – Loir et Cher.
Drulingen. – Bas-Rhin.
Ducé. – Manche.
Ducler. – Seine-Infér.
Dudeldorff. – Forêts.
Duffel. – Deux-Nethes.
Dun. – Creuse.
Dun. – Meuse.
Dunkerque. – Nord.
Dun-sur-Auron. – Cher.
Duras. – Lot et Garonne.
Durban. – Aude.
Durbuy. – Sambre et Meu.
Duren. – Roër.
Durckeim. – Mont-Tonn.
Durtal. – Maine et Loire.

E.

Eauze. – Gers.
Ebreuil. – Allier.
Echelles (les). Mont-Blanc.
Echternach. – Forêts.
Eckeren. – Deux-Nèthes.
Ecommoy. – Sarthe.
Ecos. – Eure.
Ecouché. – Orne.
Ecouen. – Seine et Oise.
Ecueillé. – Indre.
Ecury-sur-Coole. – Marn.
Edenkoben. – Mont-Ton.
Eecloo. – Escaut.
Egletons. – Corrèze.
Eguzon. – Indre.
Elbeuf. – Seine-Infér.
Ellezelles – Jemmape.
Elson. – Roër.
Elven. – Morbihan.
Elverdinghe. – Lys.
Embrun. – Hautes-Alpes.
Emile. – Seine et Oise.
Enghien. – Jemmape.
Ennezat. – Puy-de-Dôme.
Ensisheim. – Haut-Rhin.
Entraigues. – Aveyron.
Entraigues. – Isère.
Entreveaux. – Basses-Alp.
Envermeu. – Seine-Infér.
Epernay. – Marne.
Epinac. – Saône et Loire.
Epinal. – Vosges.
Erezée. – Sambre et Meus.
Erkelens. – Roër.
Ernée. – Mayenne.
Erstein. – Bas-Rhin.
Ervy. – Aube.
Eschweiller. – Roër.
Escurolles. – Allier.
Espalion. – Aveyron.
Espelette. – Basses-Pyrén.
Essarts (les). – Vendée.
Essoyes. – Aube.
Estaing. – Aveyron.
Esternay. – Marne.
Estissac. – Aube.

F.

Fontaine-l'Evêque. – Jem.
Fontaine-Moire. – Doire.
Fontenay. – Deux-Sèvres.
Fontenay-le-Peup. – Vend.
Forbach. – Moselle.
Forcalquier. – Basses Alp.
Forges-les-Eaux. – Seine-I.
Formery. – Oise.
Fossano. – Sture.
Fossat. – Arriège.
Fosses. – Sambre et Meuse.
Fouesnant. – Finistère.
Fougerai. – Ille et Vilaine.
Fougères. – Ille et Vilaine.
Fouquevillers. – P. de Cal.
Fournels. – Lozère.
Fours. – Nièvre.
Fousseret. – Haute-Garon.
Fraize. – Vosges.
Francaise (la). – Lot.
Francescas. – Lot et Gar.
Frangy. – Leman.
Frankenthal. – Mont Ton.
Frasnes. – Jemmape.
Frejus. – Var.
Fresnay. – Sarthe.
Fresne en-Voevre. – Meuse.
Fresne et St.-Mamez. – Haute-Saône.
Froissy. – Oise.
Froitzheim. – Roër.
Fronsac. – Gironde.
Frontignan. – Hérault.
Fronton. – Haute-Garonn.
Fruges. – Pas-de-Calais.
Fumay. – Ardennes.
Fumel. – Lot et Garonne.
Furnes. – Lys.

G.

Gabarret. – Landes.
Gabbiano. – Marengo.
Gacé. – Orne.
Gaillac. – Tarn.
Gaillon. – Eure.
Galan. – Hautes Pyrén.
Galoppe. – Meuse-Infér.
Gamaches. – Somme.
Gand. – Escaut.
Ganges. – Hérault.
Gannat. – Allier.
Gap. – Hautes-Alpes.
Gardanne. – Bouch. du Rh.
Garessio. – Sture.
Garlin. – Basses Pyrén.
Gassino. – Pô.
Gattinara. – Sésia.
Gavray. – Manche.
Geaune. – Landes.
Gedinne. – Sambre et M.
Geilenkirchen. – Roër.
Geispolsheim. – Bas-Rhin.
Gembloux. – Sambre et M.
Gemozac. – Charente-Inf.
Gemund. – Roër.
Genappe. – Dyle.
Gencay. – Vienne.
Gendrey. – Jura.
Genève. – Leman.
Genlis. – Côte-d'Or.
Gennes. – Maine et Loire.
Genolhac. – Gard.
Gentioux et Pallier. – Creus.
Georges (St.). – Doire.
Geradmer. – Vosges.
Gerbeviller. – Meurthe.
Germersheim. – M.-Tonn.
Gerolstein. – Sarre.
Gevrey. – Côte-d'Or.
Gex. – Leman.
Ghistelles. – Lys.
Gien. – Loiret.
Gignac. – Hérault.
Gillette. – Alpes maritim.

Gimont. – Gers.
Ginasservis. – Var.
Ginestas. – Aude.
Gioveno. – Pô.
Giromagny. – Haut-Rhin.
Gisors. – Eure.
Givet. – Ardennes.
Givors. – Rhône.
Givry. – Saône et Loire.
Glabeck. – Dyle.
Glons. – Ourthe.
Goch. – Roër.
Goderville. – Seine-Infér.
Gœlheim. – Mont-Tonn.
Golo. – Golo.
Goncelin. – Isère.
Gondrecourt. – Meuse.
Gonesse. – Seine et Oise.
Gordes. – Vaucluse.
Goron. – Mayenne.
Gorze. – Moselle.
Gosselies. – Jemmape.
Gouarec. – Côte du Nord.
Gourdon. – Lot.
Gourin. – Morbihan.
Gournay. – Seine-Infér.
Graçay. – Cher.
Grainville. – Eure.
Grallia. – Sésia.
Gramat. – Lot.
Grammont. – Escaut.
Grancey-en-Montage. – Côte-d'Or.
Grand-bourg-Salagnac. – Creuse.
Grand-Champ. – Morbih.
Grand-Couronne. – Seine-Inférieure.
Grand-Lucé (le). – Sarthe.
Grandpré. – Ardennes.
Grandrieux. – Lozère.
Grand-Serre (le). – Drôm.
Granville. – Manche.
Grandvilliers. – Oise.
Grasse. – Var.
Grasse (la). – Aude.
Graulhet. – Tarn.
Gravelines. – Nord.
Gray. – Haut-Saône.
Grenade. – Landes.
Grenade. – Haute-Garonn.
Grenoble. – Isère.
Grewenmacher. – Forêts.
Grez. – Dyle.
Grez-en-Bouere. – Mayenne.
Grignan. – Drôme.
Grignols. – Gironde.
Grignols. – Dordogne.
Grimaud. – Var.
Grisolles. – Haute-Garon.
Grumbach. – Sarre.
Grunstadt. – Mont-Tonn.
Guebwiller. – Haut-Rhin.
Gueldres. – Roër.
Guémené. – Loire-Infér.
Guemené. – Morbiham.
Guer. – Morbihan.
Guerande. – Loire-Infér.
Guarene. – Tanaro.
Guerche (la). – Cher.
Guerche (la). – Ille et V.
Guéret. – Creuse.
Gueugnon. – Saône et L.
Guiche (la). – Saône et L.
Guichen. – Ille et Vilaine.
Guillaume. – Alpes marit.
Guillestre. – Hautes-Alpes.
Guines. – Pas-de-Calais.
Guingamp. – Côtes-du-N.
Guiole (la). – Aveyron.
Guiscard. – Oise.
Guise. – Aisne.
Guitres. – Gironde.
Gy. – Haute-Saône.

H.

Habsheim. – Haut-Rhin.
Haegt. – Dyle.
Haeringhe. – Lys.
Haerlebeck. – Lys.
Hagetmeau. – Landes.
Haguenau. – Bas-Rhin.
Halle. – Dyle.
Hallencourt. – Somme.
Ham. – Somme.
Hamme. – Escaut.
Haroué. – Meurthe.
Hasparren. – Basses-Pyrén.
Hasselt. – Meuse-Infér.
Haubourdin. – Nord.
Hantefort. – Dordogne.
Hauteville. – Ain.
Havelange. – Samb. et M.
Havre (le). – Seine-Infér.
Haye (la). – Indre et L.
Haye-Dupuits (la). – Manch.
Haye-Pesnel (la). – Manch.
Hazebrouch. – Nord.
Hedé. – Ille et Vilaine.
Heerlen. – Meuse-Infér.
Heiltz-le-Maurupt. – Marn.
Heinsberg. – Roër.
Hennebond. – Morbihan.
Henrichemont. – Cher.
Herbault. – Loir et Cher.
Herbiers (les). – Vendée.
Herbignac. – Loire-Infér.
Herck. – Meuse-Infér.
Herenthals. – Deux-Nèthes.
Héricourt. – Haute-Saône.
Hérinnes. – Dyle.
Herisson. – Allier.
Hermenault (l'). – Vend.
Herment. – Puy de Dôme.
Hermeskeil. – Sarre.
Hermine (l'). – Vendée.
Héron. – Ourthe.
Herstein. – Sarre.
Herve. – Ourthe.
Herzèle. – Escaut.
Hesdin. – Pas-de-Calais.
Heuchin. – Pas-de-Calais.
Heyrieu. – Isère.
Heyst-op-Denberg. – 2-Nè.
Hières. – Var.
Hiersac. – Charente.
Hirsingen. – Haut-Rhin.
Hirson. – Aisne.
Hochfelden. – Bas-Rhin.
Hologne-aux-Pierres. – Our.
Hombourg. – Mont-Tonn.
Hondtschoote. – Nord.
Honfleur. – Calvados.
Hooglede. – Lys.
Hoogstraeten. – Deux-N.
Hopital (l'). – Mont-Blanc.
Hornoy. – Somme.
Horps (le). – Mayenne.
Horst. – Roër.
Houdain. – Pas-de-Calais.
Houdan. – Seine et Oise.
Houilles. – Lot et Garonne.
Houffalize. – Forêts.
Hucqueliers. – Pas-de-Cal.
Huelgoat (le). – Finistère.
Huis (l'). – Ain.
Hulpe (la). Dyle.
Hulst. – Escaut.
Huningue. – Haut-Rhin.
Huriel. – Allier.
Huy. – Ourthe.

I.

Iboldy. – Basses-Pyrénées.
Illiers. – Eure et Loir.
Ingelmunster. – Lys.

J.

K.

L.

Lalbenque. – Lot.
Lalinde. – Dordogne.
Lamballe. – Côte du Nord.
Lambesc. – Bouches du Rh.
Landau. – Bas-Rhin.
Landen. – Ourthe.
Landerneau. – Finistère.
Landivisiau. – Finistère.
Landivy. – Mayenne.
Landrecies. – Nord.
Landser. – Haut-Rhin.
Landsthul. – Mont-Tonn.
Langeac. – Haut-Loire.
Langeais. – Indre et Loire.
Langogne. – Lozère.
Langon. – Gironde.
Langres. – Haute-Marne.
Lanmeur. – Finistère.
Lannemezan. – H.-Pyrén.
Launion. – Côtes du Nord.
Lannoy. – Nord.
Lanustroff. – Moselle.
Lanouaille. – Dordogne.
Lans-le-Bourg. – Mont-Bl.
Lanta. – Haute-Garonn.
Lanvollon. – Côtes du N.
Lanzo. – Pô.
Lapalisse. – Allier.
Laon. – Aisne.
Laragne. – Hautes-Alpes.
Larche. – Corrèze.
Laréole. – Gironde.
L'Argentière. – Ardèche.
L'Argentière. – Haut.-Alp.
Laroche. – Samb. et Meus.
Laruns. – Basses-Pyrén.
Lasale. – Doire.
Lassay. – Mayenne.
Lasseube. – Basses-Pyrén.
Lassigny. – Oise.
Lauffon. – Haut-Rhin.
Laurière. – Haute-Vienne.
Lauterbourg. – Bas-Rhin.
Lautereken. – M.-Tonn.
Lautrec. – Tarn.
Lauzerte. – Lot.
Lauzès. – Lot.
Lauzet (le). – Basses-Alp.
Lauzun. – Lot et Garonne.
Laval. – Mayenne.
Lavardac. – Lot et Gar.
Lavaur. – Tarn.
Lavelanet. – Arriège.
Lavit de-Lomagne. – Gers.
Léau. – Dyle.
Lebach. – Sarre.
Lechnich. – Roër.
L'Ecluse. – Escaut.
Lectoure. – Gers.
Ledignan. – Gard.
Légé. – Loire-Inférieure.
Leguevin. – Haute-Garon.
Leigné-sur-Usseau. – Vien.
Lembeye. – Basses-Pyrén.
Lemps-Grand. – Isère.
Lencloistre. – Vienne.
Lennick-St.-Martin. – Dyl.
Lens. – Pas-de-Calais.
Lens. – Jemmape.
Leray. – Cher.
Lescar. – Basses-Pyrénées.
Lesneven. – Finistère.
Lesparre. – Gironde.
Lessay. – Manche.
Lessines. – Jemmape
Leuze. – Jemmape.
Levet. – Cher.
Levier. – Doubs.
Levroux. – Indre.
Lezardrieux. – Côt.-du-N.
Lezignan. – Aude.
Lezoux. – Puy-de-Dôme.
Liancourt. – Oise.
Libourne. – Gironde.

Liége. – Ourthe.
Liernais. – Côte-d'Or.
Lierre. – Deux-Nèthes.
Liffré. – Ille et Vilaine.
Ligné. – Loire-Inferieure.
Lignières. – Cher.
Ligny. – Meuse.
Ligny-le-Château. – Yonne.
Ligueil. – Indre et Loire.
Lille. – Nord.
Lille-Bonne. – Seine-Inf.
Lillers. – Pas-de-Calais.
Limay. – Seine et Oise.
Limbourg. – Ourthe.
Limoges. – Haute-Vienne.
Limonest. – Rhône.
Limonhe. – Lot.
Limours. – Seine et Oise.
Limoux. – Aude.
Linnich. – Roër.
Lion-Dangers (le). – Maine et Loire.
Lions. – Eure.
Lisieux. – Calvados.
Livarot. – Calvados.
Livernon. – Lot.
Livorno. – Sésia.
Lizy-sur-Ourcq. – S. et M.
Locana. – Doire.
Loches. – Indre et Loire.
Lockeren. – Escaut.
Locminé. – Morbihan.
Lodève. – Hérault.
Loiron. – Mayenne.
Lombes. – Gers.
Londinières. – Seine-Infér.
Longeau. – Haute-Marne.
Lonjumeau. – Seine et Oise.
Longny. – Orne.
Longué. – Maine et Loire.
Longueville. – Seine-Inf.
Longuyon. – Moselle.
Longwy. – Moselle.
Lons-le-Saulnier. – Jura.
Loo-Christi. – Escaut.
Looz. – Meuse-Inférieure.
Lorgues. – Var.
Loriol. – Drôme.
Loroux-Bothereau. – L.-Inf.
Lorsquin. – Meurthe.
Lorrèz. – Seine et Marne.
Lorris. – Loiret.
Louléac. – Côtes-du-Nord.
Loudes. – Haute-Loire.
Loudun. – Vienne.
Loué. – Sarthe.
Louhans. – Saône et Loire.
Lonlay. – Charente-Infér.
Louppe (la). – Eure et L.
Lourde. – Hautes-Pyrén.
Louroux-Beconnais (le). – Maine et Loire.
Louvain. – Dyle.
Louvegné. – Ourthe.
Louviers. – Eure.
Louvigné-du-Désert. – Ille et Vilaine.
Lubersac. – Corrèze.
Luc-en-Diois. – Drôme.
Lucenay-l'Evèque. – Saône et Loire.
Luçon. – Vendée.
Lucy-le-Bois. – Yonne.
Lude (le). Sarthe.
Lugny. – Saône et Loire.
Lumbre. – Pas-de-Calais.
Lunas. – Hérault.
Lunelle-Laville. – Hérault.
Lunéville. – Meurthe.
Lurey-le-Sauvage. – Allier.
Lure. – Haute-Saône.
Lury. – Cher.
Lusignan. – Vienne.
Lusigny. – Aube.

Lussac. – Vienne.
Lussac. – Gironde.
Lussan. – Gard.
Luxembourg. – Forêts.
Luxeuil. – Haute-Saône.
Luz. – Hautes-Pyrénées.
Luzarches. – Seine et Oise.
Luzech. – Lot.
Luzerath. – Rhin et Mos.
Luzy. – Nièvre.
Lyon. – Rhône.
Lyssendorf. Sarre.

M

Maaseyck – Meuse-Infér.
Machault. – Ardennes.
Machecoul. – Loire-Infér.
Mâcon. – Saône et Loire.
Maël Carhaix. – Côt.-du-N.
Maëstrick. – Meuse-Infér.
Magnal-Laval. – H.-Vien.
Magny. – Seine et Oise.
Maignelay. – Oise.
Maillezais. – Vendée.
Maintenon. – Eure et Loir.
Malaucène. – Vaucluse.
Malesherbes. – Loiret.
Malestroit. – Morbihan.
Malicorne. – Sarthe.
Malines. – Deux-Nèthes.
Malmédy. – Ourthe.
Malzieu. – Lozère.
Mamers. – Sarthe.
Manderscheid. – Sarre.
Manosque. – Basses-Alpes.
Mans (le). – Sarthe.
Mansle. – Charente.
Mantes. – Seine et Oise.
Marans. – Charente-Infér.
Marcenal. – Cantal.
Marchanso. – Doubs.
Marche. – Samb. et Meus.
Marche (la). – Vosges.
Marchenoir. – Loir et Ch.
Marchiennes. – Nord.
Marciac. – Gers.
Marcigny. – Saône et Loir.
Marcillat. – Allier.
Marcilly le-Hayer. – Aub.
Marckolsheim. – Bas-Rhin.
Marcoing. – Nord.
Marcillac. – Aveyron.
Marennes. – Charente-Inf.
Mareuil. – Vendée.
Mareuil. – Dordogne.
Marguerites. – Gard.
Mariana. – Golo.
Marigny. – Manche.
Marines. – Seine et Oise.
Maringues. – Puy-de-Dôm.
Marjevols – Lozère.
Marle. – Aisne.
Marly-la-Mach. – S. et O.
Marmande. – Lot et Gar.
Marmoutier. – Bas-Rhin.
Marolles-Lesbraux. – Sarth.
Marommes. – Seine-Infér.
Marquion. – Pas-de-Calais.
Marquise. – Pas-de-Calais.
Marsanne. – Drôme.
Marseille. – Oise.
Marseille. – Bouch. du R.
Marson. – Marne.
Martel. – Lot.
Martigues (les). – B. du R.
Martin (S.). – Doire.
Marvejols – Lozère.
Mas-Cabardes (le). – Aude.
Mas d'Agenois. – Lot et G.
Mas d'Azil. – Arriège.
Massat. – Arriège.
Masserano. – Sesia.
Masscube. – Gers.

Massiac – Cantal.
Mastre (la.) – Ardèche.
Masvaux. – Haut-Rhin.
Matelles (les). – Hérault.
Matha. – Charente-Infér.
Matignon. – Côtes-du-N.
Matour. – Saône et Loire.
Maubeuge. – Nord.
Maubourguet. – H.-Pyrén.
Mauguio. – Herault.
Mauléon. – Basses-Pyrén.
Mauléon-en-Barousse. – Hautes-Pyrenées.
Maure. – Ille et Vilaine.
Mauriac. – Cantal.
Mauron. – Morbihan.
Maurs. – Cantal.
Mauvezin. – Gers.
Mauzat. – Puy-de-Dôme.
Mauzé. – Deux Sèvres.
Mayen. – Rhin et Moselle.
Mayence. – Mont-Tonner.
Mayenne. – Mayenne.
Mayet. – Sarthe.
Mayet-de-Montagne. (le) – Allier.
Mazamet. – Tarn.
Mazières. – Deux Sèvres.
Meaux. – Seine et Marne.
Méchelen. – Meuse-Infér.
Médelsheim. – Mont-Ton.
Méerssem. – Meuse-Infér.
Mées (les). – Basses-Alpes.
Mégêne. – Léman.
Mehun. – Cher.
Meiche. – Doubs.
Meilhan. – Lot et Garonne.
Meironnes. – Basses-Alpes.
Meisenheim. – Sarre.
Mélisey. – Haute-Saône.
Melle. – Deux-Sèvres.
Melun. – Seine et Marne.
Menat. – Puy-de-Dôme.
Mende. – Lozère.
Meneton-Salon. – Cher.
Menetous. – Loir et Cher.
Menigoutte. – Deux-Sèvr.
Menin. – Lys.
Mens. – Isère.
Menton. – Alpes-Maritim.
Mer. – Loir et Cher.
Merbes-le-Château. – Jem.
Mercœur. – Corrèze.
Mercurio. – Golo.
Merdrignac. – Côt.-du-N.
Méréville. – Seine et Oise.
Merlerault. – Orne.
Mersch. – Forêts.
Mersig. – Sarre.
Meru. – Oise.
Merville. – Nord.
Méry-sur-Seine. – Aube.
Meslay. – Mayenne.
Mesle-sur-Sarthe. – Orne.
Messines – Lys.
Mesvres. – Saône et Loire.
Metz. – Moselle.
Metzerwise. – Moselle.
Meulan. – Seine et Oise.
Meulebeck – Lys.
Meun. – Loiret.
Meximieux. – Ain.
Meyniac. – Corrèze.
Meyrueis. – Lozère.
Meissac. – Corrèze.
Meyzieu. – Isère.
Mézana. – Liamone.
Mèze. – Hérault.
Mézidon. – Calvados.
Mézières. – Haute-Vienne.
Mézières. – Indre.
Mézières. – Ardennes.
Mezin. – Lot et Garonne.
Michel. (St.) – Sture.

Mielan. – Gers.
Milhau. – Aveyron.
Milesimo. – Sture.
Millas. – Pyrenées-Orient.
Milly. – Seine et Oise.
Mimizan. – Landes.
Miradoux. – Gers.
Mirambeau. – Char.-Inf.
Mirande. – Gers.
Mirebeau. – Côte-d'Or.
Mirebeau. – Vienne.
Mirecourt. – Vosges.
Mirepoix – Arriège.
Modane. – Mont-Blanc.
Moirans. – Jura.
Moisdon-la-Rivière. – L.-I.
Moissac. – Lot.
Molières. – Lot.
Moll. – Deux-Nèthes.
Molliens-Vidame. – Som.
Molsheim. – Bas-Rhin.
Monaco. – Alpes-Maritim.
Monastier. – Haute-Loire.
Montbercelly. – Tanaro.
Montcassier. – Pô.
Moncalvo. – Marengo.
Monclar. – Lot et Garon.
Monclar. – Lot.
Moncontour. – Vienne.
Moncontour. – Côt.-du-N.
Moncuq. – Lot.
Mondovi. – Sture.
Moncin. – Basses-Pyrén.
Monestier. – Hautes-Alpes.
Monestier-de-Clerm. – Isèr.
Monestiés. – Tarn.
Montfort-l'Amaury. – Seine et Oise.
Mongrande. – Sésia.
Monistrol-de-Loire. – Haute-Loire.
Montpazier. – Dordogne.
Monpon. – Dordogne.
Mons. – Jemmape.
Montafia. – Tanaro.
Montagnac. – Dordogne.
Montagnac. – Hérault.
Montagrier. – Dordogne.
Montaigu. – Vendée.
Montaigut. – Lot et Gar.
Montaigut. – Puy de-Dôm.
Montambœuf. – Charente.
Montaner. – Basses-Pyrén.
Montargis. – Loiret.
Montastruc. – Haute-Gar.
Montauban. – Lot.
Montauban. – Ille et Vilaine.
Montbart. – Côte-d'Or.
Montbarrey. – Jura.
Montbazens. – Aveyron.
Montbazon. – Ind. et Loir.
Montbeliard. – Haut-Rhin.
Montbenoist. – Doubs.
Montbozon. – Haute-Saôn.
Montbrison. – Loire.
Montbron. – Charente.
Mont-Cenis. – Saône et Loire.
Montcornet. – Aisne.
Mont-de-Marsan. – Land.
Montdidier. – Somme.
Mondoubleau. – Loir et Cher.
Montebourg. – Manche.
Montech. – Haute-Garon.
Montechiaro. – Tanaro.
Montecoulant. – Deux-Sèv.
Montégresso. – Golo.
Montelimart. – Drôme.
Monte-Magno. – Marengo.
Montendre. – Charente-Inf.
Montereau-Fault-Yonne. – Seine et Marne.
Montesquieu. – Haute-Gar.

Montesquiou.

Montesquiou. – Gers.
Montet. – Allier.
Montfaucon. – Meuse.
Montfaucon. – Haute-Loir.
Montfaucon. – Maine et Loire.
Montferrand. – Puy-de-Dôme.
Montflanquin – Lot et Gar.
Montfort. – Landes.
Montfort. – Sarthe.
Montfort. – Ille et Vilaine.
Montfort-l'Amaury. – S. et Oise.
Montfort sur-Rille. – Eure.
Montgiscard. – Haute-Gar.
Montguyon. – Char.-Infér.
Monthermé. – Ardennes.
Monthois. – Ardennes.
Monthoumet. – Aude.
Monthureux-sur-Saône. – Vosges.
Montier-sur-Saux. – Meus.
Montiérender. – H.-M.
Montiglis. – Marengo.
Montignac. – Dordogne.
Montigny-Source-Meuse. – Haute-Marne.
Montigny-sur-Aube. – Côte-d'Or.
Montivillers. – Seine-Infér.
Montjoie. – Roër.
Montlieu. – Charente-Inf.
Mont-Louis – Pyr.-Orient.
Montlucon. – Allier.
Mont-Luel. – Ain.
Montmarault. – Allier.
Montmartin-sur-mer. – Manche.
Montmédy. – Meuse.
Montmelliant. – Mont-Bl.
Montmirail. – Sarthe.
Montmirail. – Marne.
Montmirail. (Castelnau-de) – Tarn.
Montmirey-le-Château. – Jura.
Montmoreau. – Charente.
Montmorillon. – Vienne.
Montmort. – Marne.
Montoire. – Loir et Cher.
Montpellier. – Hérault.
Montpezat. – Ardèche.
Montpezat. – Lot.
Montpont. – Saône et Loir.
Montréal. – Aude.
Montréal. – Gers.
Montredon. – Tarn.
Montrejeau. – Haute-Gar.
Montrésor. – Ind. et Loire.
Montret. – Saône et Loire.
Montreuil. – Pas-de-Cal.
Montreuil-Bellay. – M. et L.
Montrevault. – Maine et L.
Montrevel. – Ain.
Montrichard. – Loir et Ch.
Monts. – Vienne.
Mont-S.-Vincent. – Saône et Loire.
Montsalvy. – Cantal.
Montsauche. – Nièvre.
Montségur. – Gironde.
Montsols. – Rhône.
Montsurs. – Mayenne.
Moorzele. – Lys.
Mordelles. – Ille et Vilaine.
Morée. – Loir et Cher.
Moret. – Seine et Marne.
Moretta. – Sture.
Moretel. – Isère.
Moreuil. – Somme.
Morey. – Jura.
Moriani. – Golo.
Morlaas – Basses-Pyrén.

Morlaix. – Finistère.
Mormant. – Seine et Marne.
Mornant. – Rhône.
Mornay. – Ain.
Morra. – Tanaro.
Mortagne. – Vendée.
Mortagne. – Orne.
Mortain. – Manche.
Morteau. – Doubs.
Mortrée. – Orne.
Mosso-Ste.-Marie. – Sésia.
Motte-Achard (la). Vend.
Motte-Chalençon (la). – Drôme.
Motte-du-Caire (la). – Basses-Alpes.
Motte-Hérave (la). – 2 Sèv.
Moulins. – Allier.
Moulins-en-Gilbert. – Nièv.
Moulins-la-Marche. – Orn.
Mourmoiron. – Vaucluse.
Moustiers – Basses-Alpes.
Mouthe. – Doubs.
Moutier. – Haut-Rhin.
Moutiers. – Mont-Blanc.
Moutiers-les-Mauxfaits. – Vendée.
Moutiers. (trois) – Vienne.
Mouzon. – Ardennes.
Moy. – Aisne.
Moyenneville. – Somme.
Mœurs. – Roër.
Mugron. – Landes.
Mulhausen. – Haut-Rhin.
Munster. – Haut-Rhin.
Munster-Maïstel. – Rhin et Moselle.
Mur. – Côtes-du-Nord.
Murat. – Tarn.
Murat. – Cantal.
Murazzano. – Sture.
Mur-de-Barez. – Aveyron.
Mure (la). Isère.
Muret. – Haute-Garonne.
Murviel. – Hérault.
Mussidan. – Dordogne.
Mussy. – Aube.
Mutterstadt. – Mont-Ton.
Muzillac. – Morbihan.

N.

Nailloux. – Haute-Garon.
Najac. – Aveyron.
Namur. – Sambre et Meus.
Nancy. – Meurthe.
Nandrin. – Ourthe.
Nangis. – Seine et Marne.
Nant. – Aveyron.
Nanterre. – Seine.
Nantes. – Seine-Inférieure.
Nanteuil-le-Haudouin. – Oise.
Nantial. – Haute-Vienne.
Nantua. – Ain.
Narbonne. – Aude.
Nabinals. – Lozère.
Nassogne. – Samb. et M.
Naucelle. – Aveyron.
Navarrens. – Basses-Pyrén.
Nay. – Basses-Pyrénées.
Nazareth. – Escaut.
Nederbrakel. – Escaut.
Nedercruchten. Meus.-Inf.
Néersen. – Roër.
Négrepelisse. – Lot.
Nemours. – Seine et Marn.
Nérac. – Lot et Garonne.
Néronde. – Loire.
Nérondes. – Cher.
Nesle. – Somme.
Nestier. – Hautes-Pyrén.
Neubourg. – Eure.
Neufbrisack. – Haut-Rhin.

Nenerbourg. – Forêts.
Neufchâteau. – Forêts.
Neufchâteau. – Vosges.
Neufchâtel. – Aisne.
Neufchâtel. – Seine-Infér.
Neuhornbach. – Mont-Ton.
Neuille-Pont-Pierre. – Indre et Loire.
Neuilly. – Seine.
Neuilly-en-Thel. – Oise.
Neuilly-le-Réal. – Allier.
Neuilly-les-Langres. – H.-Marne.
Neuilly-S.-Front. – Aisne.
Neung-sur-Bévron. – Loir et Cher.
Neuss. – Roër.
Neustadt. – Mont-Tonner.
Neuvic. – Dordogne.
Neuvic. – Corrèze.
Neuville. – Rhône.
Neuville. – Loiret.
Neuville. – Vienne.
Neuvy-S. Sépulchre. – Ind.
Nevele. – Escaut.
Nevers. – Nièvre.
Nexon. – Haute-Vienne.
Nice. – Alpes-Maritimes.
Nice-de-Monferrat. – Tanaro.
Nierderbronn. – Bas-Rhin.
Niderolm. – Mont-Tonner.
Nieuil. – Haute-Vienne.
Nieuport. – Lys.
Nîmes. – Gard.
Ninove. – Escaut.
Niort. – Deux-Sèvres.
Nivelles. – Dyle.
Nivillé. – Oise.
Noailles. – Oise.
Nocé. – Orne.
Nogaro. – Gers.
Nogent-H.-Marn. – H.-M.
Nogent-le-Rotrou. – Eure et Loir.
Nogent-Roulebois. – Eure et Loir.
Nogent-sur-Seine. – Aube.
Noire-Etable. – Loire.
Noir Moustiers. – Vendée.
Nolay. – Côte-d'Or.
Nomeny. – Méurthe.
Non. – Pô.
Nonancourt. – Eure.
Nontron. – Dordogne.
Nord-Libre. – Nord.
Noroy-le-Bourg. – H.-S.
Norrent. – Pas-de-Calais.
Nort. – Loire-Inférieure.
Nouvion. – Somme.
Nouvion. – Aisne.
Novion-Porcien. – Arden.
Noyant. – Maine et Loire.
Noyer. – Yonne.
Noyers. – Basses-Alpes.
Noyon. – Oise.
Nozay. – Loire-Inférieure.
Nozeroy. – Jura.
Nuits. – Côte-d'Or.
Nyons. – Drôme.

O.

Oberhausbergen. – Bas-R.
Oberingelheim. – Mont-Tonnerre.
Obermoschel. – Mont-Ton.
Obernai – Bas-Rhin.
Octeville. – Manche.
Odenkirchen. – Roër.
Offranville. – Seine-Infér.
Oirsbeek. – Meuse-Infér.
Oisemont. – Somme.
Olargues. – Hérault.

Oléron. – Basses-Pyrénées.
Olette. – Pyrénées-Orient.
Olivet. – Loiret.
Olliergues. – Puy-de-Dôm.
Ollioules. – Var.
Olonzac – Hérault.
Omont. – Ardennes.
Ootsbourg. – Escaut.
Oosterzeeleb. – Escaut.
Oostroosbecke. – Lys.
Oppenheim. – Mont-Tonnerre.
Orange. – Vaucluse.
Orbassan. – Pô.
Orbec. – Calvados.
Orchies. – Nord.
Orcières. – Hautes-Alpes.
Orcino. – Liamone.
Oreza. – Golo.
Orgelet. – Jura.
Orgères. – Eure et Loir.
Orgon. – Bouches-du-Rhône.
Orient (l'). – Morbihan.
Orléans. – Loiret.
Orme (l'). – Nièvre.
Ornano. – Liamone.
Ornans. – Doubs.
Orpierre. – Hautes-Alpes.
Orthès. – Basses Pyrén.
Osperen. – Forêts.
Ossun – Hautes-Pyrénées.
Ostende. – Lys.
Otterberg. – Mont-Ton.
Ottweiller. – Sarre.
Oulchy-le-Château. – Aisn.
Ourville. – Seine-Infér.
Oust. – Arriège.
Oulx. – Pô.
Ouzouer-sur-Loire. – Loiret.
Oyonnaz. – Ain.

P.

Pacaudière (la). – Loire.
Pacy. – Eure.
Paesana. – Sture.
Paimbœuf. – Loire-Infér.
Paimbol. – Côtes-du-Nord.
Palaizeau. – Seine et Oise.
Palizeul. – Forêts.
Pallinges. – Saône et L.
Palluau. – Vendée.
Pamiers. – Arriège.
Pampelonne. – Tarn.
Pange. – Moselle.
Pantin. – Seine.
Paraso. – Golo.
Paray-le-Monias. – Saône et Loire.
Parentis-de-Born. – Land.
Parigné-l'Évêque. – Sarth.
Paris. – Seine.
Parthenay. – Deux-Sèvres.
Passais. – Orne.
Passe-Hendaele. – Lys.
Patay. – Loiret.
Patro. – Golo.
Pâturages. – Jemmape.
Pau. – Basses-Pyrénées.
Pauillac. – Gironde.
Paulhaguet. – Haute-Loir.
Pavilly. – Seine-Inférieure.
Payrac. – Lot.
Peer. – Meuse-Inférieure.
Peire. (S.) – Sture.
Pellegrue. – Gironde.
Pellerin (le). – Loire-Inf.
Pelussin. – Loire.
Penne. – Lot et Garonne.
Percy. – Manche.
Périers. – Manche.
Périgueux. – Dordogne.

Périnaldo. – Alpes-marit.
Pernes. – Vaucluse.
Péronne. – Somme.
Pérouse. – Pô.
Perpignan. – Pyrén.-Orien.
Perrero. – Pô.
Perreux. – Loire.
Perros-Guirec. – C.-du-N.
Pertuis. – Vaucluse.
Peruwelz. – Jemmape.
Pervenchères. – Orne.
Perwez. – Dyle.
Pesmes. – Haute-Saône.
Pessac. – Gironde.
Petite-Pierre (la) – B.-Rhi.
Petites-Chiettes. – Jura.
Peyrac. – Aude.
Peyrehorade. – Landes.
Peyreleau. – Aveyron.
Peyrolles. – Bouch.-du-Rh.
Pézénas. – Hérault.
Pfalzel – Sarre.
Phalsbourg. – Meurthe.
Philippeville. – Ardennes.
Picquigny. – Somme.
Pierre. – Saône et Loire.
Pierre-Buffière. – Haute-Vienne.
Pierrefitte. – Meuse.
Pierrefontaine. – Doubs.
Pierrefort. – Cantal.
Pierre-Latte. – Drôme.
Pietrapugno. – Golo.
Pieux (les). Manche.
Pigne. – Alpes-Maritim.
Pignerol. – Pô.
Piney. – Aube.
Pinols. – Haute-Loire.
Pionsat. – Puy-de-Dôme.
Pipriac. – Ille et Vilaine.
Pirmasens. – Mont-Ton.
Pissos. – Landes.
Pithiviers. – Loire.
Plabennec. – Finistère.
Plaisance. – Gers.
Planches. – Jura.
Plancoët – Côtes-du-N.
Pleau (la). – Corrèze.
Pleaux. – Cantal.
Pleinefougères. – Ill. et Vil.
Plélan. – Côtes-du-Nord.
Plélan. – Ille et Vilaine.
Pléneuf. – Côtes-du-Nord.
Plestin. – Côtes-du-Nord.
Pleurtuit. – Ille et Vilaine.
Pleyben. – Finistère.
Ploeuc. – Côtes-du-Nord.
Ploërmel. – Morbihan.
Plogastel. – Finistère.
Plombières. – Vosges.
Plouagat. – Côtes-du-N.
Plouaret. – Côtes-du-N.
Ploudalmezeau. – Finist.
Plouay. – Morbihan.
Ploubalay. – Côt.-du-N.
Ploudiry. – Finistère.
Plouescat. – Finistère.
Plouguenast. – Côt.-du-N.
Plouguernau. – Finistère.
Plouha. – Côtes-du-Nord.
Plouzévedé. – Finistère.
Plumartin. – Vienne.
Plume (la). – Lot et Gar.
Pluvigner. – Morbihan.
Podensac. – Gironde.
Poiré-sous-la-Roche. – Vendée.
Poirino. – Pô.
Poissy – Seine et Oise.
Poitiers. – Vienne.
Poix. – Somme.
Polch. – Rhin et Moselle.
Poligny. – Jura.
Poncin. – Ain.

Pons. – Charente-Infér.
Pont. – Doire.
Pontac. – Basses-Pyrénées.
Pontailler-sur-Saône. – Côte-d'Or.
Pont-à-Marcq. – Nord.
Pont-à-Mousson. – Meurt.
Pontarion. – Creuse.
Pontarlier. – Doubs.
Pont-Audemer. – Eure.
Pontaumur - Landogne. – Puy-de-Dôme.
Pontaven. – Finistère.
Pont-Beauvoisin. – Mont-Blanc.
Pont-Beauvoisin. – Isère.
Pont-Château. – Loire-Inf.
Pont-Croix. – Finistère.
Pont-d'Ain. – Ain.
Pont-de-l'Arche. – Eure.
Pont-de-Montvert. – Lozèr.
Pontderoide. – Doubs.
Pont-de-Salars. – Aveyr.
Pont-de-Vaux. – Ain.
Pont-de-Veyle. – Ain.
Pont-en Royans. – Isère.
Pontestura. – Marengo.
Pont-Gibaud. – Puy-de-D.
Pontivy. – Morbihan.
Pont-l'Abbé. – Finistère.
Pont-l'Évêque. – Calvad.
Pontoise. – Seine et Oise.
Pontorson. – Manche.
Pontrieux. – Côtes du N.
Pont-S.-Esprit. – Gard.
Pont.-S.-Maxence. – Oise.
Pont - Scorf - Lesbein. – Morbihan.
Pont-sur-Allier. – Puy-de-Dôme
Pont-sur-Yonne. – Yonne.
Pont-de-Cé. – Maine et L.

Pont-Valain. – Sarthe.
Poperinghe. – Lys.
Porentruy. – Haut-Rhin.
Pornic. – Loire-Inférieure.
Porta-Comero. – Tanaro.
Port-Liberté. – Morbihan.
Port-Ste.-Marie. – Lot et Garonne.
Port-sur-Saône. – Haute-Saône.
Porto-Vecchio. – Liamon.
Pouancé. – Maine et Loire.
Pougues. – Nièvre.
Pouillon. – Landes.
Pouilly. – Côte-d'Or.
Pouilly. – Nièvre.
Pouton (le). Finistère.
Poutroy (la). – H.-Rhin.
Pouzauges-la-Ville. – Vend.
Pradelles. – Haute-Loire.
Prades. – Pyrénées-Orient.
Prahec. – Deux-Sèvres.
Prats-de-Mollo. – Pyrén. Orientales.
Pranthoy. – Haute-Marne.
Préchac. – Gironde.
Précy-sur-Tille. – Côte-d'Or.
Prémery. – Nièvre.
Pressas. – Lot et Garonne.
Pressigny-le-Grand. – Indre et Loire.
Preuilly. – Indre et Loire.
Prèz-en-Pail. – Mayenne.
Privas. – Ardèche.
Provins. – Seine et Marne.
Prum. – Sarre.
Pseddersheim. – Mont-Ton.
Puers. – Deux-Nèthes.
Puget-Théniers. – Alp.-M.
Puiseaux. – Loiret.
Pujols. – Gironde.

Putanges. - Orne.
Puy (le). - Haute-Loire.
Puy-Laurens. - Tarn.
Puy-l'Évêque. - Lot.
Puy-Mirol. - Lot et Gar.

Q.

Quarr - les - Tombes. - Yonne.
Quérigut. - Arriège.
Quesnoy (le). Nord.
Quesnoy-sur-Deule. - Nor.
Questembert. - Morbihan.
Quettehou. - Manche.
Quevaucamps. - Jemmape.
Quiberon. - Morbihan.
Quillan. - Aude.
Quilleboeuf. - Eure.
Quimper. - Finistère.
Quimperlé. - Finistère.
Quingey. - Doubs.
Quintin. - Côtes-du-Nord.
Quinto. - Sésia.
Quissac. - Gard.

R.

Rabastens. - Tarn.
Rabastens. - Haut.-Pyrén.
Racconigi. - Sture.
Rambervilliers. - Vosges.
Rambouillet. - Seine et Ois.
Ramerup. - Aube.
Ramonchamp. - Vosges.
Randans. - Puy-de-Dôme.
Raon-l'Étape. - Vosges.
Raucourt. - Ardennes.
Réalmont. - Tarn.
Rebais. - Seine et Marne.
Rocey-sur-Ource. - Côte-d'Or.
Rechicourt. - Meurthe.
Redon. - Ille et Vilaine.
Régino. - Golo.
Reifferscheid. - Sarre.
Reignier. - Léman.
Reims. - Marne.
Rellingen. - Moselle.
Remagen. - Rhin et Mosel.
Remalard. - Orne.
Remich. - Forêts.
Remiremont. - Vosges.
Remoulins. - Gard.
Remuzat. - Drôme.
Renaix. - Escaut.
Rennes. - Ille et Vilaine.
Renwez. - Ardennes.
Ressons. - Oise.
Rethel. - Ardennes.
Rethiers. - Ille et Vilaine.
Revello. - Sture.
Revigny. - Meuse.
Rhaunem. - Sarre.
Rheinberg. - Roër.
Rheinbach. - Rhin et Mos.
Riaillé. - Loire-Inférieure.
Ribauvillé. - Haut Rhin.
Ribecourt. - Oise.
Ribemont. - Aisne.
Riberac. - Dordogne.
Ribiers. - Hautes-Alpes.
Riceys (les). - Aube.
Richelieu. - Indre et Loire.
Rieumes. - Haute-Garon.
Rieupeyroux. - Aveyron.
Riez. - Basses-Alpes.
Rignac. - Aveyron.
Riom. - Cantal.
Riom. - Puy-de-Dôme.
Rios. - Haute-Saône.
Riscle. - Gers.
Riva-de-Chiery. - Pô.
Rivara. - Doire.

Rivarol – Doire.
Rive-de-Gier. – Loire.
Rives. – Isère.
Rivesaltes. – Pyrénées-Or.
Rivoli. – Pô.
Roanne. – Loire.
Roccabilière. – Alp.-Mar.
Rocca-d'Arazzo. – Tanaro.
Roccade-Baldi. – Sture.
Roche (la). – Leman.
Roche-Bernard (la). – Morbihan.
Roche Canillac (la). – Corrèze.
Rochechouart. – H.te-Vien.
Roche-Derrien (la). – Côt.-du-Nord.
Rochefort. – Puy-de-Dôm.
Rochefort. – Jura.
Rochefort – Sambre et M.
Rochefort. – Charente-Inf.
Rochefort (la). – Morbihan.
Rochefoucault (la). – Char.
Rochelle (la). – Char.-Inf.
Rochemaure. – Ardèche.
Roche-Servière (la). – Vendée.
Roche-sur-Youx (la). – Vendée.
Rochette (la). – Mont-Bl.
Rockenhausen. – M.-Ton.
Rocroy. – Ardennes.
Rodès. Aveyron.
Rohan. – Morbihan.
Roiselle. – Somme.
Rolduc. – Meuse-Infér.
Romans. – Drôme.
Romilly. – Aube.
Romorantin. – Loir et Cher.
Roquebroue (la). – Cantal.
Roquebrussanc (la). – Var.
Roque-Courbe. – Tarn.
Roquefort. – Aude.
Roquefort. – Landes.
Roquemaure. – Gard.
Roquesteron. – Alp.-Marit.
Roquetimbaut. – Lot et G.
Roquevaire – B.-du-Rh.
Rosbach. – Moselle.
Rosheim. – Bas-Rhin.
Rosière. – Somme.
Rosignano. – Marengo.
Rosporden. – Finistère.
Rostino. – Golo.
Rostrenen. – Côtes-du-N.
Roubaix. – Nord.
Rouen. – Seine-Inférieure.
Rouffach. – Haut-Rhin.
Rougé. – Loire-Inférieure.
Rougemont. – Doubs.
Rouillac. – Charente.
Roujan. – Hérault.
Rouland-l'Église. – Doubs.
Roulers. – Lys.
Roussillon. – Isère.
Routot. – Eure.
Roybon. – Isère.
Roye. – Somme.
Royerre. – Creuse.
Rozans. – Hautes-Alpes.
Rozoy. – Seine et Marne.
Rœulx. – Jemmape.
Rubenach. – Rh. et Mosel.
Rue. – Somme.
Ruffec. – Charente.
Ruffieux. – Mont-Blanc.
Rugles. – Eure.
Ruines. – Cantal.
Rumigny. – Ardennes.
Rumilly. – Mont-Blanc.
Ruremonde. – Meuse-Inf.
Russey. – Doubs.
Ruisselede. – Lys.
Ryes. – Calvados.

S.

Saales. – Vosges.
Saar-Union. – Bas-Rhin.
Sablé. – Sarthe.
Sables-d'Olonne. – Vend.
Sabres. – Landes.
Sagro. – Golo.
Saigne-Légier. – H.-Rhin.
Saignes. – Cantal.
Saillegouse – Pyrén.-Or.
Saillans. – Drôme.
Sailly. – Haute-Marne.
Sains. – Somme.
Sains. – Aisne.
S. Afrique. – Aveyron.
S. Agrève. – Ardèche.
S. Aignan. – Loir et Cher.
S. Aignan. – Char.-Infér.
S. Aignan-sur-Roé. – Mayenne.
S. Alban. – Lozère.
S. Alvère. – Dordogne.
S. Amand. – Cher.
S. Amand. – Nièvre.
S. Amand. – Nord.
S. Amand. – Lozère.
S. Amand. – Loir et Cher.
S. Amand-de-Bouex. – Charente.
S. Amans-des-Copts. – Aveyron.
S. Amant-Roche-Savine. – Puy-de-Dôme.
S. Amant-Tallende. – Puy-de-Dôme.
S. Amans. – Tarn.
S. Amarin. – Haut-Rhin.
S. Ambroix. – Gard.
S. Amour. – Jura.
S. André. – Basses-Alpes.
S. André. – Eure.
S. André-de-Cubsac. – Gironde.
S. André-de-Valborgne. – Gard.
S. Anthême. – Puy-de-D.
S. Antonin. – Aveyron.
S. Aubin. – Aveyron.
S. Aubin-d'Aubigné. – Ille et Vilaine.
S. Aubin-du-Cormier. – Ille et Vilaine.
S. Aulaye. – Dordogne.
S. Avold. – Moselle.
S. Bauzely. – Aveyron.
S. Béat. – Haute-Garonne.
S. Bénin-d'Azy. – Nièvre.
S. Benoît-du-Sault. – Ind.
S. Bertrand-de-Comminges. – Haute-Garonne.
S. Blain. – Haute-Marne.
S. Bonnet. – Hautes-Alpes.
S. Bonnet-de-Joux. – Saôn. et Loire.
S. Bonnet-le-Chât. – Loire.
S. Brice. – Ille et Vilaine.
S. Brieuc. – Côtes-du-N.
S. Calais. – Sarthe.
S. Ceré. – Lot.
S. Cernin. – Loire.
S. Chamond. – Cantal.
S. Chaptes. – Gard.
S. Chely. – Aveyron.
S. Chely. – Lozère.
S. Chinian. – Hérault.
S. Christophe. – Indre.
S. Christophe. – Ind. et L.
S. Ciers-la-Lande. – Giron.
S. Cyprien. – Dordogne.
S. Clair. – Manche.
S. Clar. – Gers.
S. Claude. – Jura.

S. Claude. – Charente.
S. Denis. – Seine.
S. Didier. – Haute-Loire.
S. Dié. – Puy-de-Dôme.
S. Dié. – Vosges.
S. Dizier. – Haute-Marne.
S. Donat. – Drôme.
S. Esprit. – Landes.
S. Etienne. – Alpes Marit.
S. Etienne. – Loire.
S. Etienne-Baigorry. – Basses-Pyrenees.
S. Etienne-de-Cuines. – Mont-Blanc.
S. Etienne-de-Lugdarès. – Ardèche.
S. Etienne-de-Montluc. – Loire Inférieure.
S. Etienne-de-S.-Geoire. – Isère.
S. Etienne-en-Devoluy. – Hautes-Alpes.
S. Etienne-les-Orgues. – Basses-Alpes.
S. Fargeau. – Yonne.
S. Félicien. – Ardèche.
S. Félix. – Haute-Garonne.
S. Firmin. – Hautes-Alpes.
S. Florent. – Golo.
S. Florent. – Maine et Loir.
S. Florentin. – Yonne.
S. Flour. – Cantal.
S. Fulgent. – Vendée.
S. Gaudens. – Haute-Gar.
S. Gaultier. – Indre.
S. Genest-Mallifaux. – L.
S. Géniès. – Aveyron.
S. Genis. – Mont-Blanc.
S. Genis. – Charente Inf.
S. Genis-Laval. – Rhône.
S. Geoir. – Isère.
S. Georges. – Maine et L.
S. Georges-de-Lévésac – Lozère.
S. Georges-du-Vièvre. – Eure.
S. Georges-en-Cousans. – Loire.
S. Georges-les-Baillargeaux. – Vienne.
S. Germain. – Lot.
S. Germain-de-Calberte. – Lozère.
S. Germain-du-Bois. – Saône et Loire.
S. Germain-du Plain. – Saône et Loire.
S. Germain-en-Laie. – Seine et Oise.
S. Germain-Lambron. – Puy-de-Dôme.
S. Germain Laval. – Loire.
S. Germain-les Belles-Filles. – Haute-Vienne. –
S. Germain-l'Herm. – Puy-de-Dôme.
S. Gervais. – Puy-de-Dôm.
S. Gervais-de-Messey. – Orne.
S. Gervais-la-Ville. – Hér.
S. Géry. – Lot.
S. Gildas-des-Bois. – L.-Inf.
S. Gilis. – Escaut.
S. Gilles-les-Boucheries. Gard.
S. Gilles-sur-Vic. – Vend.
S. Girons. – Arriège.
S. Goar. – Rhin et Moselle.
S. Haon-le-Châtel. – Loire.
S. Héand. – Loire.
S. Hilaire. – Aude.
S. Hilaire. – Charente-Inf.
S. Hilaire-du-Harcouet. – Manche.

S. Hilaire-sur-l'Autise. – Vendée.
S. Hubert. – Sambre et M.
S. Hippolyte. – Gard.
S. Hippolyte. – Doubs.
S. James. – Manche.
S. Jean-d'Angely. – Charente-Infér.
S. Jean-d'Aulph. – Leman.
S. Jean-de-Bournay. – Isèr.
S. Jn.-de-Brevelay. – Morb.
S. Jean-de Daye. – Manch.
S. Jean-de-Luz. – B.-Pyr.
S. Jean-de-Maurienne. – Mont-Blanc.
S. Jean-de-Soleymieu. – Loire.
S. Jean-de-Vergt. – Dord.
S. Jean-du-Gard. – Gard.
S. Jean-en-Royans. – Drôm.
S. Jean-Pied-de-Port. – Basses-Pyrénées.
S. Jouan-de-l'Ile. – Côtes du Nord.
S. Julien. – Leman.
S. Julien. – Jura.
S. Julien-de Chapteuil. – Haute-Loire.
S. Julien-de-Vouvantes. – Loire-Infér.
S. Julien-l'Ars. – Vienne.
S. Junien. – Haute-Vienn.
S. Just. – Oise.
S. Just-en-Chevalet. – Loire.
S. Laurent-de-Chamousset. – Rhône.
S. Laurent-de-Médoc. – Gironde.
S. Laurent-du-Pont. – Isèr.
S. Laurent-sur-Gorre. – Haute-Vienne.
S. Léger-sous Beuvran. – Saône et Loire.
S. Léonard. – Haute-Vien.
S. Lizier. – Arriège.
S. Lô. – Manche.
S. Loup. – Haute-Saône.
S. Loup. – Deux Sèvres.
S. Lys. – Haute-Garonne.
S. Macaire. – Gironde.
S. Maixent. – Deux Sèvr.
S. Malo. – Ille et Vilaine.
S. Malo-de-la-Lande. – Manche.
S. Mamet. – Cantal.
S. Mamet. – Gard.
S. Marc-Lajaille. – Loire-Infér.
S. Marcellin. – Isère.
S. Martin-de-Ré. – Charente-Infér.
S. Martin-de-Londres. – Hérault.
S. Martin-de-Tournon. – Indre.
S. Martin-de-Valamas. – Ardèche.
S. Martin-de-Valgague. – Gard.
S. Martin-en-Bresse. – Saône et Loire.
S. Martory. – Haute-Gar.
S. Mathieu. – Haute-Vien.
S. Maur. – Indre et Loire.
S. Maximin. – Var.
S. Méen. – Ille et Vilaine.
S. Menehould. – Marne.
S. Michel. – Mont Blanc.
S. Mihiel. – Meuse.
S. Nazaire. – Loire-Infér.
S. Nicolas. – Haute-Gar.
S. Nicolas. – Meurthe.
S. Nicolas. – Escaut.

S. Nicolas-de-Rédon. – Loire-Infér.
S. Nizier. – Rhône.
S. Palais. – Basses-Pyrén.
S. Pardoux-la-Rivière. – Dordogne.
S. Paterne. – Sarthe.
S. Paul. – Tarn.
S. Paul-de-Fenouillet. – Pyrén.-Orient.
S. Paulien. – Haute-Loire.
S. Peray. – Ardèche.
S. Père-en-Retz. – Loire-I.
S. Philebert. – Loire-Inf.
S. Pierre-d'Albigny. – M.-Blanc.
S. Pierre-Eglise. – Manch.
S. Pierre-d'Oléron. – Charente-Infér.
S. Pierre-le-Moutier. – Nièvre.
S. Pierre-sur-Dive. – Calv.
S. Pierreville. – Ardèch.
S. Pois. – Manche.
S. Pol. – Pas-de-Calais.
S. Pol-de-Léon. – Finist.
S. Pons. – Hérault.
S. Porchaire. – Charente-I.
S. Pourçain. – Allier.
S. Quentin. – Isère.
S. Quentin. – Aisne.
S. Omer. – Pas-de-Calais.
S. Rambert. – Ain.
S. Rambert. – Loire.
S. Remy. – Bouch.-du-Rh.
S. Remy. – Puy-de-Dôm.
S. Rony-en-Bouzemont. – Marne.
S. Renan. – Finistère.
S. Romain. – Seine-Infér.
S. Rome-de-Tarn. – Aveyr.
S. Saëns. – Seine-Infér.
S. Salvador. – Alpes mar
S. Salvadore. – Marengo.
S. Saulge. – Nièvre.
S. Sauveur. – Yonne.
S. Sauveur-Lendelin. – Manche.
S. Sauveur-sur-Douves. – Manche.
S. Savin. – Gironde.
S. Savin. – Vienne.
S. Savinien. – Charente-I.
S. Sernin. – Aveyron.
S. Séver. – Landes.
S. Sever. – Calvados.
S. Simon. – Aisne.
S. Simphorien. – Gironde.
S. Simphorien-de-Lay. – Loire.
S. Simphorien-d'Ozon. – Isère.
S. Simphorien-sur-Coise. – Rhône.
S. Sulpice-les-Champs. – Creuse.
S. Sulpice-les-Feuilles. – Haute-Vienne.
S. Thégonec. – Finistère.
S. Trivier-de-Courtes. – Ain.
S. Trivier-sur-Mognans. – Ain.
S. Trond. – Meuse-Infér.
S. Tropez. – Var.
S. Vallery. – Somme.
S. Vallery-en-Caux. – Seine-Infér.
S. Vallier. – Var.
S. Vallier. – Drôme.
S. Varent. – Deux-Sèvres.
S. Vaury. – Creuse.
S. Vincent-d'Ardentes. – Indre.

Saint

S. Vincent-de-Tirosse. – Landes.
S. Vinnemer. – Yonne.
S. Vith. – Ourthe.
S. Vivien. – Gironde.
S. Wendel. – Sarre.
S. Yriex. – Haute-Vienne.
Sainte-Colombe. – Rhône.
Ste. Croix. – Arriège.
Ste. Enimie. – Lozère.
Ste. Foy-la-Grande. – Gir.
Ste. Geneviève. – Aveyr.
Ste. Livrade. – Lot et Gar.
Ste. Maria-Hoorebeck. – Escaut.
Ste. Marie-aux-Mines. – Haut-Rhin.
Ste. Marie-d'Oleron. – B.-P.
Ste. Mère-Eglise. – Manch.
Ste. Seine. – Côte-d'Or.
Ste. Sevère. – Indre.
Ste. Susanne. – Mayenne.
Ste. Ursanne. – Haut-Rh.
Stes. Maries (les). – Bouches-du-Rhône.
Saintes. – Charente-Infér.
Saissac. – Aude.
Salbris. – Loir et Cher.
Sale. – Marengo.
Salerne. – Var.
Salers. – Cantal.
Salès. – Aude.
Salicetto. – Sture.
Saliès. – Basses-Pyrénées.
Salignac. – Dordogne.
Salins. – Jura.
Sallanches. – Léman.
Salle (la). – Gard.
Salles Curan. – Aveyron.
Sallies. – Haute-Garonne.
Salon. – Bouch.-du-Rhôn.
Saluces. – Sture.
Salvador (S.) – Marengo.
Salvagnac. – Gers.
Salvetat (la). – Aveyron.
Salvetat (la). – Hérault.
Salviac. – Lot.
Samatan. – Gers.
Samer. – Pas-de-Calais.
Samoëns. – Léman.
Sampierro. – Liamone.
Sancergues. – Cher.
Sancerre. – Cher.
Sancoins. – Cher.
San-Pietro. – Golo.
Sant-Angelo. – Golo.
Santa Giula. – Golo.
Santhia. – Sésia.
Santhoven. – Deux-Nèth.
Saorgio. – Alpes maritim.
Saralbe. – Moselle.
Saramon. – Gers.
Sarlat. – Dordogne.
Sarrebourg. – Meurthe.
Sarrebourg. – Sarre.
Sarreguemines. – Moselle.
Sarrebruck. – Sarre.
Sarrelibre. – Moselle.
Sartene. – Liamone.
Sartilly. – Manche.
Sarzeau. – Morbihan.
Sassenage. – Isère.
Satillieu. – Ardèche.
Saugn[illegible] – Haute-Loire.
Saujon. – Charente-Infér.
Saulieu. – Côte-d'Or.
Sault. – Vaucluse.
Saulx. – Haute-Saône.
Saumur. – Maine et Loire.
Sauve. – Gard.
Sauveterre. – Gironde.
Sauveterre. – B.-Pyrén.
Sauveterre. – Aveyron.
Sauxillanges. – Puy-de-D.

Sauzay-le-Poitier. – Cher.
Sauzé-Vaussay. – D.-Sèv.
Savenay. – Loire-Infér.
Saverdun. – Arriège.
Saverne. – Bas-Rhin.
Savignac-les-Eglises. – Dordogne.
Savigny. – Loir et Cher.
Savillian. – Sture.
Savines. – Hautes-Alpes.
Sébastiano (S.). – Marengo.
Scaer. – Finistère.
Scarena. – Alpes maritim.
Sceaux. – Seine.
Scellières. – Jura.
Scey-sur-Saône. – H.-S.
Schelestatt. – Bas-Rhin.
Schirmeck. – Vosges.
Scleyden. – Ourthe.
Schoenbeg. – Sarre.
Schweich. – Sarre.
Scopamene. – Liamone.
Seclin. – Nord.
Secondigny. – Deux-Sèvr.
Sédan. – Ardennes.
Séderon. – Drôme.
Sées. – Orne.
Segonzac. – Charente.
Segré. – Maine et Loire.
Seiches. – Maine et Loire.
Seiches. – Lot et Garonne.
Seignelay. – Yonne.
Seilhac. – Corrèze.
Sel (le). – Ille et Vilaine.
Selles-sur-Ch. – Loir et C.
Selommes. – Loir et Cher.
Selongey. – Côtes-d'Or.
Seltz-Benheim. – B.-Rhin.
Selve (la). – Aveyron.
Semur. – Côte-d'Or.
Semur-en-Brionnais. – Saône et Loire.
Senaca. – Golo.
Seneffe. – Jemmape.
Senez. – Basses-Alpes.
Senlis. – Oise.
Senneccey (grand). – Saône et Loire.
Senonches. – Eure et Loir.
Senones. – Vosges.
Sens. – Yonne.
Seraing. – Ourthe.
Sergines. – Yonne.
Serra. – Golo.
Serra-Valle. – Marengo.
Serres. – Hautes-Alpes.
Serrières. – Ardèche.
Servan. – Ille et Vilaine.
Servian. – Hérault.
Servières. – Corrèze.
Settimo-Vittone. – Doire.
Seurre. – Côte-d'Or.
Severac-le-Chât. – Aveyr.
Sevi-Dentro. – Liamone.
Sevin-Fuori. – Liamone.
Sèvres. – Seine et Oise.
Seyne. – Basses-Alpes.
Seyssel. – Ain.
Sezanne. – Marne.
Sezzé. – Marengo.
Sibret. – Forêts.
Sigean. – Aude.
Signy-le-Grand. – Ardenn.
Signy-le-Petit. – Ardenn.
Sillé-le-Guillaume. – Sart.
Silvana. – Marengo.
Simmern. – Rhin et Mosell.
Sissone. – Aisne.
Sisteron. – Basses-Alpes.
Sittard. – Roër.
Sizun. – Finistère.
Sobernheim. – Rhin et M.
Soignies. – Jemmapes.
Soissons. – Aisne.

Solesmes. – Nord.
Solignac-sur-Loire. – Haute-Loire.
Solre-Libre. – Nord.
Sombernon. – Côte-d'Or.
Sommariva-del-Bosco. – Tanaro.
Sommergem. – Escaut.
Sommières. – Gard.
Sompuies. – Marne.
Songeons. – Oise.
Sorba. – Golo.
Sore. – Landes.
Soriasco. – Marengo.
Sornac. – Corrèze.
Sorroinsu. – Liamone.
Sospello. – Alpes marit.
Sotteghem. – Escaut.
Souillac. – Lot.
Souilly. – Meuse.
Soulaines. – Aube
Soultz. – Haut-Rhin.
Soulz-sous-Forêts. – B.-R.
Sourdeval. – Manche.
Sournia. – Pyrén.-Orient.
Soustons. – Landes.
Souterraine (la). – Creuse.
Souvigny. – Allier.
Spincourt. – Meuse.
Spigno. – Tanaro.
Spire. – Mont-Tonnerre.
Stavelot. – Ourthe.
Steenworde. – Nord.
Stenay. – Meuse.
Stephano-di-Belbo (S.) – Tanaro.
Stradella. – Marengo.
Strambino. – Doire.
Strasbourg. – Bas-Rhin.
Stromberg. – Rhin et Mos.
Stroppiana. – Sésia.
Suippes. – Marne.
Sully. – Loiret.
Sumène. – Gard.
Surgères. – Charente-Infér.
Suze. – Pô.
Suze (la). – Sarthe.

T.

Tain. – Drôme.
Talavo. – Liamone.
Tallano. – Liamone.
Tallard. – Hautes-Alpes.
Talmont. – Vendée.
Tamise. – Escaut.
Taninge. – Léman.
Taunay. – Nièvre.
Tarare. – Rhône.
Tarascon. – Arriège.
Tarascon. – Bouch.-du-R.
Taravo. – Liamone.
Tarbes. – Hautes-Pyrén.
Tardets. – Basses-Pyrén.
Targon. – Gironde.
Tartas. – Landes.
Taulé. – Finistère.
Tauves. – Puy-de-Dôme.
Tavagna. – Golo.
Tavernes. – Var.
Tavignano. – Golo.
Teilleul. – Manche.
Templeuve. – Nord.
Templeuve. – Jemmape.
Tence. – Haute-Loire.
Tenquin-Gros. – Moselle.
Termonde. – Escaut.
Terrasson. – Dordogne.
Tessy. – Manche.
Tête-de-Busch (la). – Gir.
Thann. – Haut-Rhin.
Theil (le). – Orne.
Thenezay. – Deux-Sèvres.
Thenon. – Dordogne.

Theux. – Ourthe.
Thèze. – Basses-Pyrén.
Thiaucourt – Meurthe.
Thiberville. – Eure.
Thiéblemont. – Marne.
Thielt. – Lys.
Thiers. – Puy-de-Dôme.
Thionville. – Moselle.
Thiron-de-Gardais. – Eure et Loir.
Thiviers. – Dordogne.
Thizy. – Rhône.
Thoissey. – Ain.
Tholey. – Moselle.
Thonès. – Mont-Blanc.
Thonon. – Léman.
Thorigny. – Manche.
Thouarré. – Main. et Loire.
Thouars. – Deux-Sèvres.
Thourout. – Lys.
Thueyts. – Ardèche.
Thuin. – Jemmape.
Thuir. – Pyrénées-Orient.
Thury-Harcourt. – Calvad.
Ticinetto. – Marengo.
Tigliole. – Tanaro.
Tilly-sur-Seulles. – Calv.
Tinchebray. – Orne.
Tinténiac. – Ille et Vilaine.
Tirlemont. – Dyle.
Tongres. – Meuse-Infér.
Tonnay-Boutonne. – Charente-Infér.
Tonnay-Charente. – Charente-Infér.
Tonneins. – Lot et Garonn.
Tonnerre. – Yonne.
Torre. – Sture.
Torre. – Pô.
Tortonne. – Marengo.
Totes. – Seine-Inférieure.
Toucy. – Yonne.
Toul. – Meurthe.
Toulon. – Var.
Toulon-sur-Arroux. – Saône et Loir.
Toulouse. – Haute-Garon.
Tour (la). – Puy-de-Dôm.
Tour (la). – Pyrénées-Or.
Tourcoing. – Nord.
Tour-du-Pin (la). – Isère.
Tournan. – Seine et Marn.
Tournay. – Hautes-Pyrén.
Tournay. – Jemmape.
Tournehem. – Pas-de-Cal.
Tournon. – Ardèche.
Tournon. – Lot et Garonn.
Tournus. – Saône et Loire.
Tourouvre. – Orne.
Tours. – Indre et Loire.
Tourteron. – Ardennes.
Tourville. – Eure.
Touvet (le). – Isère.
Tramayes. – Saôn. et Loire.
Trarbach. – Rhin et Mos.
Treffort. – Ain.
Treguier. – Côtes-du-Nord.
Treignac. – Corrèze.
Treis. – Rhin et Moselle.
Trelon. – Nord.
Trests. – Bouches-du-Rhône.
Trèves. – Gard.
Trèves. – Sarre.
Trévières. – Calvados.
Trévoux. – Ain.
Triaucourt. – Meuse.
Trie. – Hautes-Pyrénées.
Trimouille (la). – Vienne.
Trinité (la). – Morbihan.
Trino. – Sésia.
Troarn. – Calvados.
Tronquière (la). – Lot.
Troyes. – Aube.

Truchtersheim. – B.-Rhin.
Trun. – Orne.
Tuchlan. – Aude.
Tuda. – Golo.
Tuffé. – Sarthe.
Tulle. – Corrèze.
Tullins. – Isère.
Turnhout. – Deux-Nèthes.
Turin. – Pô.
Turriers. – Basses-Alpes.

U.

Uccle. – Dyle.
Ulmen. – Rhin et Moselle.
Urdingen. – Roër.
Ussel. – Corrèze.
Ustaritz. – Basses-Pyrén.
Utelle. – Alpes maritim.
Uzel. – Côtes du Nord.
Uzerche. – Corrèze.
Uzès. – Gard.

V.

Vabre. – Tarn.
Vailly. – Cher.
Vailly. – Aisne.
Vaison. – Vaucluse.
Valderiès. – Tarn.
Valence. – Marengo.
Valence. – Lot et Garonn.
Valence. – Vaucluse.
Valence. – Gers.
Valence. – Drôme.
Valenciennes. – Nord.
Valensolles. – Basses-Alp.
Valérien. – Yonne.
Valette (la). – Charente.
Valgorge. – Ardèche.
Valgrana. – Sture.
Valinco. – Liamone.
Vallançay. – Indre.
Vallerangne. – Gard.
Valle-Rustic. – Golo.
Vallet. – Loire-Inférieure.
Vallon. – Ardèche.
Valmont. – Seine-Infér.
Valognes. – Manche.
Valpelline. – Doire.
Valréas. – Vaucluse.
Vandœuvres. – Aube.
Vannes. – Morbihan.
Vans (les). – Ardèche.
Vaour. – Tarn.
Varades. – Loire-Infér.
Varennes. – Hautes-Marn.
Varennes. – Allier.
Varennes. – Meuse.
Varilhes. – Arriège.
Varzy. – Nièvre.
Varzy. – Marengo.
Vassy. – Calvados.
Vatan. – Indre.
Vaubecourt. – Meuse.
Vaucouleurs. – Meuse.
Vaugneray. – Rhône.
Vauvert. – Gard.
Vauvillers. – Haute-Saône.
Vavincourt. – Meuse.
Vayrac. – Lot.
Vecchio – Golo.
Velines. – Dordogne.
Venasca. – Sture.
Vence. – Var.
Vendôme. – Loir et Cher.
Venerie. – Pô.
Venloo. – Meuse-Infér.
Ventie (la). – Pas-de-Cal.
Verceil. – Sésia.
Vercel. – Doubs.
Verde. – Golo.
Verdun. – Haute-Garonn.
Verdun. – Meuse.

Verdun-sur-le-Doubs. – Saône et Loire.
Verfeil. – Haute-Garonn.
Vermand. – Aisne.
Vermanton. – Yonne.
Vernante. – Sture.
Verneuil. – Eure.
Vernon. – Eure.
Vernoux. – Ardèche.
Verny. – Moselle.
Verpillière (la). – Isère.
Verrez. – Doire.
Versailles. – Seine et Oise.
Vertaison. – Puy-de-Dôm.
Verteillac. – Dordogne.
Vertoux. – Loire-Infér.
Vertus. – Marne.
Verviers. – Ourthe.
Vervins. – Aisne.
Verzuolo. – Sture.
Verzy. – Marne.
Vesoul. – Haute-Saône.
Veyne. – Hautes-Alpes.
Veyre. – Puy-de-Dôme.
Vezelay. – Yonne.
Vezelise. – Meurthe.
Vezenobre. – Gard.
Vezins. – Aveyron.
Vianden. – Forêts.
Vibraye. – Sarthe.
Vic. – Meurthe.
Vic-Bigorre. – H.-Pyrén.
Vic-Dessos. – Arriège.
Vic-sur-Aisne. – Aisne.
Vic-sur-Allier. – P.-de-D.
Vic-sur-Céré. – Cantal.
Vic-sur-Losse. – Gers.
Vico. – Doire.
Vico. – Liamone.
Vielle. – Hautes-Pyrén.
Vielmur. – Tarn.
Viel-Salm. – Ourthe.
Vienne. – Isère.
Vierzon. – Cher.
Vif. – Isère.
Vigan (le). – Gard.
Vigeois. – Corrèze.
Vigneulle-lès-Hatton-Châtelle. – Meuse.
Vignory. – Haute-Marne.
Vigone. – Pô.
Vigy. – Moselle.
Vihiers. – Maine et Loire.
Villaines-la-Ruhel. – May.
Villanova. – Marengo.
Villanova. – Sture.
Villanova-Alvernia. – Marengo.
Villanova-d'Asti. – Tanar.
Villard-Almèze. – Pô.
Villard de Lans. – Isère.
Villars. – Alpes maritim.
Ville-Brumier. – H.-Gar.
Ville en-Tardenois. – Marn.
Ville-sur-Anjon. – H.-M.
Ville sur-Tourbe. – Marn.
Ville-Dieu. – Manche.
Ville-Dieu (le). – Vienne.
Ville-Fagnan. – Charente.
Ville-Fort. – Lozère.
Ville-Franche. – Pô.
Ville-Franche. – Tarn.
Ville-Franche. – Alp. mar.
Ville-Franche. – Aveyron.
Ville-Franche. – H.-Gar.
Ville-Franche. – Rhône.
Ville-Franche-de-Belvès. – Dordogne.
Ville-Franche-de-Louchapt. – Dordogne.
Ville-Juif. – Seine.
Villemur. – Haute-Garon.
Villenauxe. – Aube.
Ville-Neuve. – Doire.

Ville-Neuve. – Landes.
Ville-Neuve. – Aveyron.
Ville-Neuve-d'Agen. – L. et Garonne.
Ville-Neuve-de-Berg. – Ardèche.
Ville-Neuve-lès-Avignon. – Gard.
Ville-Neuve-sur-Vannes. – Yonne.
Ville-Neuve-sur-Yon. – Y.
Villeréal. – Lot et Garon.
Villers-Bocage. – Somme.
Villers-Bocage. – Calvados.
Villers-Cotterets. – Aisne.
Villersexel. – H.-Saône.
Villers-Farlay. – Jura.
Villé. – Bas-Rhin.
Villiers-S.-Georg. – S. et M.
Vitryck. – Deux-Nèthes.
Vilvorde. – Dyle.
Vimoutiers. – Orne.
Vimy. – Pas-de-Calais.
Vinay. – Sture.
Vinça. – Pyrénée orient.
Vincennes. – Seine.
Vire. – Calvados.
Virieux-le-Grand. – Ain.
Virnebourg. – Rh. et Mos.
Virton. – Forêts.
Visone. – Tanaro.
Vistrorio. – Doire.
Vitré. – Ille et Vilaine.
Vitrey. – Haute-Saône.
Vitry. – Pas-de-Calais.
Vitry-sur-Marne. – Marne.
Vitteaux. – Côte-d'Or.
Vittel. – Vosges.
Viu. – Pô.
Viuz-en-Sallaz. – Léman.
Viverols. – Puy-de-Dôme.
Viviers. – Ardèche.
Vivonne. – Vienne.
Vizilles. – Isère.
Voghere. – Marengo.
Void. – Meuse.
Voiron. – Isère.
Voiteur. – Jura.
Volmunster. – Moselle.
Volone. – Basses-Alpes.
Volpedo. – Marengo.
Vorey. – Haute-Loire.
Vouillé. – Vienne.
Vouneuil. – Vienne.
Voute, près Chilhac (la). Haute-Loire.
Voute (la). – Ardèche.
Vouvray. – Indre et Loire.
Vauziers. – Ardennes.
Voves. – Eure et Loir.

W.

Wadern. – Sarre.
Waerschoot. – Escaut.
Wail. – Pas-de-Calais.
Walcourt. – Samb. et M.
Waldemohr. – Sarre.
Waldfioshbach. – M.-T.
Wanckum. – Roër.
Waremme. – Ourthe.
Wasselonne. – Bas-Rhin.
Wassigny. – Aisne.
Wassy. – Haute-Marne.
Wavre. – Dyle.
Weert. – Meuse-Infér.
Wehr. – Rhin et Moselle.
Welin. – Sambre et Meus.
Wervicq. – Lys.
Westerloo. – Deux-Nèth.
Wetteren. – Escaut.
Weyden. – Roër.
Wiersen. – Roër.
Wiltz. – Forêts.

Winnweiler. – Mont-Ton.
Wintzenheim. – H.-Rhin.
Wissembourg. – B.-Rhin.
Wittlich. – Sarre.
Woerth. – Bas-Rhin.
Wolfstein. – Mont-Tonn.
Wollstein. – Mont-Tonn.
Woluwe-S.-Etienne. – Dyl.
Wolverthem. – Dyle.
Wormhoudt. – Nord.
Worms. – Mont-Tonn.
Worstadt. – Mont-Tonn.

X.

Xanten. – Roër.
Xertigny. – Vosges.

Y.

Yenne. – Mont-Blanc.
Yerville. – Seine-Infér.
Ypres. – Lys.
Yssingeaux. – H.-Loire.
Yvetot. – Seine-Infér.

Z.

Zavatarello. – Marengo.
Zèle. – Escaut.
Zell. – Rhin et Moselle.
Zulpice. – Roër.

FIN.

DE L'IMPRIMERIE DE STOUPE. AN XII.

www.ingramcontent.com/pod-product-compliance
Ingram Content Group UK Ltd.
Pitfield, Milton Keynes, MK11 3LW, UK
UKHW020244180726
13839UKWH00001B/161